ововo
中华人民共和国
反洗钱法

注释本

法律出版社法规中心 编

·北京·

图书在版编目（CIP）数据

中华人民共和国反洗钱法注释本／法律出版社法规中心编. -- 北京：法律出版社，2025. -- （法律单行本注释本系列）. -- ISBN 978-7-5244-0181-0

Ⅰ.D922.281.5

中国国家版本馆CIP数据核字第2025RA8009号

中华人民共和国反洗钱法注释本　　　法律出版社法规中心　编　　责任编辑　陈昱希
ZHONGHUA RENMIN GONGHEGUO　　　　　　　　　　　　　　　　　装帧设计　李　瞻
FANXIQIANFA ZHUSHIBEN

出版发行　法律出版社	开本　850毫米×1168毫米　1/32
编辑统筹　法规出版分社	印张　5.75　　　字数　151千
责任校对　张红蕊	版本　2025年4月第1版
责任印制　耿润瑜	印次　2025年4月第1次印刷
经　　销　新华书店	印刷　永清县金鑫印刷有限公司

地址：北京市丰台区莲花池西里7号（100073）
网址：www.lawpress.com.cn　　　　　销售电话：010-83938349
投稿邮箱：info@lawpress.com.cn　　　客服电话：010-83938350
举报盗版邮箱：jbwq@lawpress.com.cn　咨询电话：010-63939796
版权所有·侵权必究

书号：ISBN 978-7-5244-0181-0　　　　定价：24.00元
凡购买本社图书，如有印装错误，我社负责退换。电话：010-83938349

编辑出版说明

现代社会是法治社会,社会发展离不开法治护航,百姓福祉少不了法律保障。遇到问题依法解决,已经成为人们处理矛盾、解决纠纷的不二之选。然而,面对纷繁复杂的法律问题,如何精准、高效地找到法律依据,如何完整、准确地理解和运用法律,日益成为人们"学法、用法"的关键所在。

为了帮助读者快速准确地掌握"学法、用法"的本领,我社开创性地推出了"法律单行本注释本系列"丛书,至今已十余年。本丛书历经多次修订完善,现已出版近百个品种,涵盖了社会生活的重要领域,已经成为广大读者学习法律、应用法律之必选图书。

本丛书具有以下特点:

1. 出版机构权威。成立于1954年的法律出版社,是全国首家法律专业出版机构,始终秉承"为人民传播法律"的宗旨,完整记录了中国法治建设发展的全过程,享有"社会科学类全国一级出版社"等荣誉称号,入选"全国百佳图书出版单位"。

2. 编写人员专业。本丛书皆由相关法律领域内的专业人士编写,确保图书内容始终紧跟法治进程,反映最新立法动态,体现条文内涵。

3. 法律文本标准。作为专业的法律出版机构,多年来,我社始终使用全国人民代表大会常务委员会公报刊登的法律文本，积淀了丰富的标准法律文本资源，并根据立法进度及时更新相关内容。

4. 条文注解精准。本丛书以立法机关的解读为蓝本，给每个条文提炼出条文主旨，并对重点条文进行注释，使读者能精准掌握立法意图，轻松理解条文内容。

5. 配套附录实用。书末"附录"部分收录的均为重要的相关法律、法规和司法解释，有的分册还附有典型案例，使读者在使用中更为便捷，使全书更为实用。

需要说明的是，本丛书中"适用提要""条文主旨""条文注释"等内容皆是编者为方便读者阅读、理解而编写，不同于国家正式通过、颁布的法律文本，不具有法律效力。本丛书不足之处，恳请读者批评指正。

我们用心打磨本丛书，以期待为法律相关专业的学生释法解疑，致力于为每个公民的合法权益撑起法律的保护伞。

法律出版社法规中心

2025 年 3 月

目 录

《中华人民共和国反洗钱法》适用提要 …………… 1

中华人民共和国反洗钱法

第一章　总则………………………………………… 5
　第 一 条　立法目的………………………………… 5
　第 二 条　反洗钱定义……………………………… 7
　第 三 条　反洗钱工作基本原则…………………… 9
　第 四 条　反洗钱工作基本要求…………………… 9
　第 五 条　反洗钱监督管理体制…………………… 10
　第 六 条　反洗钱义务主体………………………… 12
　第 七 条　反洗钱信息保护………………………… 14
　第 八 条　履职行为受法律保护…………………… 17
　第 九 条　反洗钱宣传教育………………………… 18
　第 十 条　单位和个人的义务……………………… 19
　第十一条　举报和表彰奖励………………………… 20
　第十二条　境外适用………………………………… 21
第二章　反洗钱监督管理…………………………… 22
　第十三条　反洗钱行政主管部门职责……………… 22
　第十四条　有关金融管理部门职责………………… 24
　第十五条　特定非金融机构主管部门职责………… 26
　第十六条　反洗钱监测分析机构职责……………… 28
　第十七条　部门间信息交换………………………… 30
　第十八条　海关信息通报机制……………………… 31

第十九条　受益所有人信息管理……………………………33
　　第二十条　线索和相关证据材料移送………………………36
　　第二十一条　监督管理职责…………………………………37
　　第二十二条　监督检查措施和程序…………………………39
　　第二十三条　洗钱风险评估…………………………………40
　　第二十四条　洗钱高风险国家或者地区的应对措施………42
　　第二十五条　反洗钱行业自律………………………………43
　　第二十六条　反洗钱行业服务机构…………………………44
第三章　反洗钱义务……………………………………………45
　　第二十七条　金融机构内部控制制度………………………45
　　第二十八条　客户尽职调查制度……………………………48
　　第二十九条　客户尽职调查的情形和内容…………………49
　　第三十条　持续的客户尽职调查与洗钱风险管理
　　　　　　　　措施………………………………………………52
　　第三十一条　识别代理人、识别并核实受益人……………55
　　第三十二条　依托第三方开展客户尽职调查………………56
　　第三十三条　相关部门支持客户尽职调查…………………58
　　第三十四条　客户身份资料和交易记录保存制度…………59
　　第三十五条　大额交易报告和可疑交易报告制度…………61
　　第三十六条　新领域洗钱风险防范…………………………64
　　第三十七条　总部、集团层面反洗钱工作…………………65
　　第三十八条　配合客户尽职调查……………………………67
　　第三十九条　洗钱风险管理措施的救济……………………70
　　第四十条　反洗钱特别预防措施……………………………72
　　第四十一条　金融机构落实反洗钱特别预防措施的
　　　　　　　　义务………………………………………………75
　　第四十二条　特定非金融机构的反洗钱义务………………77

第四章　反洗钱调查 ································ 78
　　第四十三条　反洗钱调查的条件和程序 ············· 78
　　第四十四条　反洗钱调查措施 ····················· 81
　　第四十五条　线索移送、临时冻结 ················· 84
第五章　反洗钱国际合作 ······························ 86
　　第四十六条　国际合作原则 ······················· 86
　　第四十七条　各部门国际合作职责 ················· 87
　　第四十八条　国际司法协助 ······················· 88
　　第四十九条　境外金融机构配合调查 ··············· 89
　　第 五 十 条　境外执法要求的处理 ················· 90
第六章　法律责任 ···································· 92
　　第五十一条　监管部门工作人员违法责任 ··········· 92
　　第五十二条　未落实内控制度的处罚 ··············· 95
　　第五十三条　未落实反洗钱核心制度的处罚 ········· 99
　　第五十四条　其他违反反洗钱义务的处罚 ··········· 101
　　第五十五条　致使发生洗钱或恐怖融资后果的处罚 ··· 104
　　第五十六条　对金融机构相关责任人员的处罚 ······· 105
　　第五十七条　违反阻却、境外配合调查要求的处罚 ··· 108
　　第五十八条　对特定非金融机构的处罚 ············· 109
　　第五十九条　违反反洗钱特别预防措施的处罚 ······· 111
　　第 六 十 条　违反受益所有人信息管理规定的处罚 ··· 112
　　第六十一条　制定处罚裁量基准 ··················· 114
　　第六十二条　刑事责任的衔接 ····················· 115
第七章　附则 ·· 117
　　第六十三条　履行金融机构反洗钱义务的范围 ······· 117
　　第六十四条　履行特定非金融机构反洗钱义务的
　　　　　　　　范围 ································· 120
　　第六十五条　施行日期 ··························· 122

附 录

金融机构反洗钱规定(2006.11.14) ………………… 123
金融机构大额交易和可疑交易报告管理办法(2018.7.26
  修正) …………………………………………………… 129
金融机构反洗钱和反恐怖融资监督管理办法(2021.4.15)
  ……………………………………………………………… 135
银行业金融机构反洗钱和反恐怖融资管理办法(2019.1.
  29) ……………………………………………………… 143
支付机构反洗钱和反恐怖融资管理办法(2012.3.5) ……… 152
涉及恐怖活动资产冻结管理办法(2014.1.10) …………… 165
中国银保监会办公厅关于进一步做好银行业保险业反洗钱
  和反恐怖融资工作的通知(2019.12.30) ………………… 169

《中华人民共和国反洗钱法》
适用提要

　　《反洗钱法》①是为了预防洗钱活动,遏制洗钱及相关犯罪,加强和规范反洗钱工作,维护金融秩序、社会公共利益和国家安全制定的法律。我国现行《反洗钱法》于2006年10月31日第十届全国人民代表大会常务委员会第二十四次会议通过,后又于2024年11月8日第十四届全国人民代表大会常务委员会第十二次会议修订,反洗钱监管制度不断完善,为打击洗钱及其上游犯罪、深化反洗钱国际治理与合作等方面起到了重要作用。

　　党的二十大报告指出,要加强和完善现代金融监管,守住不发生系统性风险底线,强化经济、金融等安全保障体系建设。健全反洗钱监管制度是完善现代金融监管体系的重要内容,是推动金融高质量发展的重要方面。现行反洗钱法自2007年1月1日起施行,在增强反洗钱监管效能、打击洗钱及其上游犯罪、深化反洗钱国际治理与合作等方面发挥了重要作用。但是,近年来反洗钱工作也暴露出一些问题,有必要立足我国实际,结合新形势新要求,抓紧修改完善《反洗钱法》。

　　修订后的《反洗钱法》共七章,主要内容包括总则、反洗钱监督管理、反洗钱义务、反洗钱调查、反洗钱国际合作、法律责任、附

---

① 为方便阅读,本书中的法律法规名称均使用简称。

则。新修订的《反洗钱法》围绕明确法律适用范围、加强反洗钱监督管理、完善反洗钱义务规定等内容,对相关制度进行了补充和完善,坚持总体国家安全观,统筹发展和安全,维护国家利益以及我国公民、法人的合法权益,主要包括以下几方面:

(一)明确《反洗钱法》的适用范围

明确反洗钱是指为了预防和遏制通过各种方式掩饰、隐瞒犯罪所得及其收益的来源和性质的洗钱活动,以及相关犯罪活动,依照《反洗钱法》规定采取相关措施的行为。预防和遏制恐怖主义融资活动适用《反洗钱法》。

(二)加强反洗钱监督管理

一是明确职责分工。国务院反洗钱行政主管部门(中国人民银行)负责全国的反洗钱监督管理工作,与国务院有关部门、国家监察机关和司法机关相互配合;国务院有关部门在各自的职责范围内履行反洗钱监督管理职责。

二是完善金融机构反洗钱监管。规定国务院反洗钱行政主管部门制定或者会同国务院有关金融管理部门制定金融机构反洗钱管理规定;反洗钱行政主管部门监督检查金融机构履行反洗钱义务的情况,有关金融管理部门在金融机构市场准入中落实反洗钱审查要求,将在监督管理工作中发现的违反反洗钱规定的线索移送反洗钱行政主管部门,并配合处理。

三是明确特定非金融机构的范围及反洗钱监管。有关主管部门监督检查特定非金融机构履行反洗钱义务的情况,根据需要提请反洗钱行政主管部门协助。

四是加强风险防控与监督管理。规定反洗钱资金监测,国家、行业洗钱风险评估制度;明确反洗钱行政主管部门可以采取监督检查措施,开展反洗钱调查。

五是完善国务院反洗钱行政主管部门与国家有关机关的反洗钱信息共享机制,建立受益所有人信息管理、使用制度。

（三）完善反洗钱义务规定

一是规定金融机构反洗钱义务，主要包括：建立健全反洗钱内控制度并有效实施；开展客户尽职调查，了解客户身份、交易背景和风险状况；保存客户身份资料和交易记录；有效执行大额交易报告制度和可疑交易报告制度。

二是规定特定非金融机构反洗钱义务，要求其在从事本法规定的特定业务时，应当参照金融机构履行反洗钱义务。

三是规定单位和个人不得从事洗钱活动或者为洗钱活动提供便利，应当配合金融机构和特定非金融机构依法开展客户尽职调查等。

中华人民共和国反洗钱法

(2006年10月31日第十届全国人民代表大会常务委员会第二十四次会议通过 2024年11月8日第十四届全国人民代表大会常务委员会第十二次会议修订 自2025年1月1日起施行)

第一章 总　　则

第一条 【立法目的】[①]为了预防洗钱活动，遏制洗钱以及相关犯罪，加强和规范反洗钱工作，维护金融秩序、社会公共利益和国家安全，根据宪法，制定本法。

条文注释[②]

本条包含以下四层意思：

(1)制定《反洗钱法》是为了预防洗钱活动，遏制洗钱以及相关犯罪。

反洗钱工作涉及防范和惩治两个环节，反洗钱法律制度总体上相应地分为防范和惩治两个方面。我国对洗钱活动的惩治主要体现在刑事立法中，以《刑法》《刑事诉讼法》的规定为依据，追究实施洗钱活动的行为人的刑事责任。对洗钱活动的防范，即预防和遏制洗钱活动等工作的法律依据，主要是以《反洗钱法》为核心的法律法

[①][②] 条文主旨、条文注释为编者所加，下同。——编者注

规。制定《反洗钱法》是为预防洗钱活动提供法律依据、为遏制洗钱以及相关犯罪提供法律支持。

(2) 制定《反洗钱法》是为了加强和规范反洗钱工作。

首先，制定《反洗钱法》切实加强了反洗钱工作。反洗钱工作是实践性很强的工作，通过总结实践中好的经验和做法，将合适的反洗钱举措上升为法律，以法律规定的方式固定下来，是对反洗钱工作系统性提升的法制保障。

其次，制定《反洗钱法》以严格规范反洗钱工作。反洗钱工作要在法律授权的范围内开展，要注意遵守法律规定的权限和范围，依法进行，充分维护单位和个人的合法权益。为了预防洗钱活动，遏制洗钱以及其他相关犯罪，开展反洗钱工作会在一定程度上对单位和个人的权益造成影响。通过法律的制度性安排对反洗钱工作作符合适当性和比例原则的规定和要求，可以合理确定权利和义务，有效依法行政，监督反洗钱义务主体采取适当的反洗钱措施，并保障单位和个人的合法权益不受侵害。

(3) 制定《反洗钱法》是为了维护金融秩序、社会公共利益和国家安全。

首先，维护金融秩序需要制定和完善《反洗钱法》。洗钱活动以及洗钱的上游犯罪等危害金融秩序和稳定，洗钱犯罪活动若不能得到有效防范，会造成触发系统性金融风险的风险。为了有效维护金融秩序，需要制定并不断完善反洗钱法律制度，依法积极预防、遏制洗钱活动，惩处洗钱犯罪及其上游犯罪和其他相关犯罪。

其次，维护社会公共利益需要制定和完善《反洗钱法》。洗钱活动不仅危害正常金融活动，而且损害社会公共利益。洗钱活动所涉资金，是犯罪人通过实施贪污贿赂、走私贩毒等上游犯罪所非法攫取的，这些上游犯罪本身严重危害全体社会成员共同利益，对于"洗白"这些犯罪所得的洗钱活动，如果不能有效防范，让犯罪人肆无忌惮保有、享受犯罪所得而不必担心为司法所追究，既不符合社会公平正义，也不利于遏制打击洗钱犯罪的上游犯罪，从而严重冲击和损害社会公共利益。通过制定并完善《反洗钱法》，为准确监测、发现掩饰、隐瞒犯罪所得以及收益的方式、路径提供证据和线索,从而为遏制洗钱犯罪以及其他相关犯罪,提高打击该类犯罪的能力和效率提供有力支撑,这是以法治手段维护社会公共利益的必然选择。

最后,维护国家安全需要制定和完善《反洗钱法》。洗钱活动以及黑社会性质的组织犯罪、恐怖活动犯罪、走私犯罪、破坏金融管理秩序犯罪等洗钱犯罪的上游犯罪,具有严重的社会危害性,涉及经济社会多个方面,也关系到国家安全。考虑到维护金融安全等是坚持总体国家安全观的重要组成部分,制定和完善《反洗钱法》对依法预防、遏制洗钱等相关犯罪有直接作用,是维护金融安全等国家安全的重要举措。

(4)根据宪法,制定《反洗钱法》。

我国《宪法》序言第7段指出"健全社会主义法治";第15条规定"国家实行社会主义市场经济。国家加强经济立法,完善宏观调控。国家依法禁止任何组织或者个人扰乱社会经济秩序"。制定并完善《反洗钱法》,丰富完善了运用我国法律开展专项社会治理的立法实践,是加强宪法实施、贯彻宪法相关规定和精神的具体举措。《反洗钱法》的规定和内容,具有宪法依据,并需要根据宪法的规定、原则和精神指导开展具体的反洗钱工作。

第二条 【反洗钱定义】本法所称反洗钱,是指为了预防通过各种方式掩饰、隐瞒毒品犯罪、黑社会性质的组织犯罪、恐怖活动犯罪、走私犯罪、贪污贿赂犯罪、破坏金融管理秩序犯罪、金融诈骗犯罪和其他犯罪所得及其收益的来源、性质的洗钱活动,依照本法规定采取相关措施的行为。

预防恐怖主义融资活动适用本法;其他法律另有规定的,适用其规定。

条文注释

2024年修订《反洗钱法》作了以下修改:一是进一步明确洗钱上

游犯罪的范围。在明确列举洗钱的7类上游犯罪后,将"等犯罪"修改为"和其他犯罪",进一步明确了洗钱的上游犯罪还包括其他犯罪所得及其收益的各种犯罪,适应了反洗钱新形势新要求,与《刑法》和相关国际规则做好衔接。通过修改,一方面保留2006年《反洗钱》法对洗钱上游犯罪的7类重点犯罪类型的列举,以揭示洗钱活动的主要类型和危害,突出反洗钱工作的重心和重点。另一方面在文义上进一步明确洗钱的上游犯罪范围,对开展反洗钱工作作出指引。二是将2006年《反洗钱法》第36条关于涉及恐怖活动资金监控适用《反洗钱法》的规定,作为本条第2款,修改为"预防恐怖主义融资活动适用本法",内涵更加明确和全面,也突出了反洗钱在预防恐怖主义融资活动方面的关键性作用,与《制止向恐怖主义提供资助的国际公约》以及有关国际规则进一步衔接。

本条第1款规定了反洗钱的定义。该款主要有以下两层意思:(1)反洗钱是预防洗钱活动的行为。洗钱与反洗钱是一个事物的两个方面。根据本款规定,洗钱活动是通过各种方式掩饰、隐瞒毒品犯罪、黑社会性质的组织犯罪、恐怖活动犯罪、走私犯罪、贪污贿赂犯罪、破坏金融管理秩序犯罪、金融诈骗犯罪和其他犯罪所得及其收益的来源、性质的行为。这里的洗钱活动主要是指《刑法》第191条规定的洗钱罪,以及具有洗钱的行为性质,根据案件具体情况依照《刑法》第312条掩饰、隐瞒犯罪所得、犯罪所得收益罪,第349条窝藏、转移、隐瞒毒品、毒赃罪等具体罪名定罪处刑的洗钱犯罪行为。(2)依照《反洗钱法》的规定采取相关措施预防洗钱活动。反洗钱工作需要采取《反洗钱法》规定的措施开展。洗钱活动具有一定的规律性,在惩处的同时有必要根据其犯罪特征提前开展防范工作,将预防犯罪的工作做在前面。

本条第2款是关于预防恐怖主义融资活动适用《反洗钱法》等法律安排的规定。这里明确规定预防恐怖主义融资活动适用《反洗钱法》的相关规定。通过反洗钱机制预防恐怖主义融资活动是将较为成熟的经验和做法上升为法律,依法予以确定。从实践来看,预防恐怖主义融资活动需要多措并举,《反洗钱法》确定的反洗钱机制不能彻底解决预防恐怖主义融资活动的问题。从适用法律的角度考虑,在其他法律对预防恐怖主义融资活动也作了相应规定和安排的情况下,如果是与《反洗钱法》相衔接的规定,应当同时遵守和适用;如果属于特别规定,与《反洗钱法》相关规定不一致,则应该根据本款规定的精神,统筹考虑法律之间的关系,根据一般法与特别法等相应的法律安排和法理逻辑准确适用相关规定。故本款规定,其他法律另有规定的,适用其规定。

第三条 【反洗钱工作基本原则】反洗钱工作应当贯彻落实党和国家路线方针政策、决策部署,坚持总体国家安全观,完善监督管理体制机制,健全风险防控体系。

第四条 【反洗钱工作基本要求】反洗钱工作应当依法进行,确保反洗钱措施与洗钱风险相适应,保障正常金融服务和资金流转顺利进行,维护单位和个人的合法权益。

[条文注释]

本条对反洗钱工作规定了应当遵守的基本工作要求,主要有以下四个方面的内容:

(1)反洗钱工作应当依法进行。反洗钱工作应当依法进行是全面依法治国在反洗钱工作领域的具体体现,也是反洗钱工作的根本要求。这里的"依法"主要是依照本法,同时需要与宪法的规定和精神相一致,并衔接好其他法律中有关反洗钱的规定。

(2)确保反洗钱措施与洗钱风险相适应。判断反洗钱机制是否有效,关键在于其是否具有提高防范洗钱风险的能力,能够及时识别、预防和遏制洗钱以及相关犯罪。通过总结反洗钱工作,采取相应的反洗钱措施可以显著降低洗钱风险,遏制相应犯罪。需要注意的是,相关反洗钱措施应与洗钱风险相适应,既要有能力及时识别洗钱风险,防范洗钱风险升级、危害变大,也要注意反洗钱工作的规律性,聚焦重点领域,避免不分情况"一刀切"适用反洗钱措施,而不考虑实际洗钱风险水平,造成反洗钱工作不分主次,措施强度失当。这要求反洗钱监管措施要与洗钱风险相适应、反洗钱义务主体采取的反洗钱措施应与洗钱风险相适应、各项反洗钱措施要与新型洗钱风险相匹配。

（3）保障正常金融服务和资金流转顺利进行。这是对反洗钱工作的一项总体性要求，需要注意平衡反洗钱工作与正常金融服务和资金流转顺利进行的关系。这里包含以下两层意思：一是高质量开展反洗钱工作是正常金融服务和资金流转顺利进行的重要保障。二是开展反洗钱工作需要坚持系统思维，注意避免举措失当，对正常金融服务和资金流转顺利进行造成不当影响。

（4）维护单位和个人的合法权益。开展反洗钱工作，应依法维护单位和个人的合法权益。一方面，依法维护单位和个人的合法权益是提升公众参与反洗钱工作、获得社会各方面对反洗钱工作理解和支持的重要基础。这要求反洗钱工作更加精准和高效，使社会公众感受到反洗钱工作是积极维护单位和个人合法权益的重要工作，没有影响到正常的金融服务和资金流转的顺利进行，以形成开展相关工作的合力。另一方面，要通过明确的程序和严格执法，及时纠正可能存在的侵犯合法权益的行为，畅通救济渠道，依法维护单位和个人的合法权益。

第五条　【反洗钱监督管理体制】国务院反洗钱行政主管部门负责全国的反洗钱监督管理工作。国务院有关部门在各自的职责范围内履行反洗钱监督管理职责。

国务院反洗钱行政主管部门、国务院有关部门、监察机关和司法机关在反洗钱工作中应当相互配合。

条文注释

本条第 1 款是关于国务院反洗钱行政主管部门的职责和国务院其他有关部门履行反洗钱监督管理的职责的规定。该款包含以下两个方面的内容。

一是规定了国务院反洗钱行政主管部门的职责，明确由其负责全国的反洗钱监督管理工作。根据法律规定和国家对相关工作的安排和设计,明确国务院反洗钱行政主管部门为中国人民银行,其负责全国的反洗钱监督管理工作,其应履行的职责主要包括:(1)组织、协调全国的反洗钱工作;(2)研究、拟定国家的反洗钱规划和政策;(3)制定或者会同国务院有关金融管理部门制定金融机构反洗钱管理规定,包括大额交易和可疑交易报告的具体办法、开展客户尽职调查、客户身份资料和交易记录保存制度等;(4)监督、检查金融机构履行反洗钱义务的情况;(5)建立反洗钱监测分析机构,负责反洗钱资金监测和洗钱风险监测分析;(6)在职责范围内调查可疑交易活动;(7)发现涉嫌洗钱以及相关违法犯罪的交易活动,将线索和相关证据材料移送有管辖权的机关;(8)向国家有关机关定期通报反洗钱工作情况,依法向有关单位提供反洗钱信息;(9)根据国务院授权负责组织、协调反洗钱国际合作,代表中国政府参与有关国际组织活动,依法与境外机构开展反洗钱合作,交换反洗钱信息;(10)国务院规定的有关反洗钱的其他职责。

二是国务院有关部门在各自的职责范围内履行反洗钱监督管理职责。国务院有关部门既包括国务院有关金融管理部门,如国家金融监督管理总局、中国证券监督管理委员会,也包括海关总署、国家税务总局、国家市场监督管理总局、财政部、司法部等在其各自的法定职责范围内履行相应的反洗钱监管职责的部门。

本条第2款是关于国家各有关部门在反洗钱工作中应当相互配合的规定。开展反洗钱工作除了国务院反洗钱行政主管部门以外,还涉及负有反洗钱监督管理职责的国务院其他部门,以及监察机关、司法机关。该款规定意在指明,反洗钱工作不只是国务院行政主管部门"一家的事情",需要多部门依照法定职权综合施策,相互配合,共同完成。

第六条 【反洗钱义务主体】在中华人民共和国境内(以下简称境内)设立的金融机构和依照本法规定应当履行反洗钱义务的特定非金融机构,应当依法采取预防、监控措施,建立健全反洗钱内部控制制度,履行客户尽职调查、客户身份资料和交易记录保存、大额交易和可疑交易报告、反洗钱特别预防措施等反洗钱义务。

条文注释

在中华人民共和国境内设立的金融机构,需要满足以下两个条件:一是在中华人民共和国境内设立。这里的范围不仅包括属于中国境内法人的金融机构,也包括外国金融机构法人在我国设立的分支机构,只要是在中华人民共和国境内设立的金融机构,都要履行本法要求的反洗钱义务。二是金融机构的范围依法确定。《反洗钱法》第63条对履行反洗钱义务的金融机构作了专门规定。实践中需要注意金融机构的定义与履行反洗钱义务的金融机构之间的区别与联系,前者属于金融管理的范畴;后者根据本法第63条的规定确定。因此,有的地方在金融治理过程中提出按照金融机构管理的机构,是否属于反洗钱法上应当履行反洗钱义务的金融机构,需要结合本法第63条的列举进行判断或者由国务院反洗钱行政主管部门确定并公布,不能简单认定其是否属于反洗钱法上应当履行反洗钱义务的金融机构。

在中华人民共和国境内设立的依照本法规定应当履行反洗钱义务的特定非金融机构,需要满足以下三个条件:(1)在中华人民共和国境内设立。这里的特定非金融机构的范围不仅包括中国法人,也包括外国法人在我国设立的分支机构,只要是在中华人民共和国境内设立的,都可能要依照《反洗钱法》的规定履行特定非金融机构的反洗钱义务。需要注意的是,有些主体在境外属于履行反洗钱义务的特定非金融机构,但是在我国境内是禁止开展业务的,如赌场。如果其在我国境内存在事实上的经营行为,并存在洗钱活动,则属于通过非法渠道实施洗钱犯罪,并非适用特定非金融机构的有关规定追究其法律责任。对此，本法第62条第2款作了明确的衔接性规定。(2)要依照《反洗钱法》的规定履行反洗钱义务。相关机构满足《反洗钱法》的相关规定，才属于履行反洗钱义务的特定非金融机构。考虑到特定非金融机构涉及行业多、业务领域广、数量大、从业人员多，为提高法律调整的精确性，反洗钱法规定符合法定条件的才构成履行反洗钱义务的特定非金融机构。特定非金融机构是否需要履行反洗钱义务，需要依据特定非金融机构的具体特性和业务特点，结合反洗钱法针对特定非金融机构的特殊安排综合确定。(3)特定非金融机构的范围依法确定。《反洗钱法》第64条对履行本法义务的特定非金融机构作了专门规定。

本条规定的需要履行的反洗钱义务有以下几项：

(1)建立健全反洗钱内部控制制度。这要求反洗钱义务主体通过制定和实施一系列的内部反洗钱制度、程序和方法，建立对洗钱风险进行事前防范、事中控制、事后监督的内部控制机制。2024年修订《反洗钱法》第27条、第52条、第56条、第58条等对反洗钱义务主体建立健全反洗钱内部控制制度及其法律责任作了相应规定。

(2)履行客户尽职调查义务。该义务要求反洗钱义务主体在与客户建立业务关系、提供规定金额以上的非经常性交易、代理交易等情形下，应当履行客户尽职调查义务，总体上需要采取以下措施：①确定、核实客户身份资料；②核实、识别代理关系的真实性；③核实受益所有人身份；④了解客户建立业务关系和交易的目的；⑤对存续业务采取持续的客户尽职调查，对于存疑的进一步核实客户及其交易有关情况；⑥根据客户特征和交易活动的性质、风险状况采取适当的客户尽职调查等。此外，根据实践情况，对于反洗钱义务主体依托第三方开展客户尽职调查的情况，明确规范和法律责任。2024年修订《反洗钱法》第29、第30条、第31条、第32条、第33条、第38条、第42条、第53条、第55条、第56条、第58条、第60条等对反洗钱义务主体履行客户尽职调查义务及其法律责任作了相应规定。

(3)履行客户身份资料和交易记录保存义务。该义务要求反洗钱义务主体依法采取必要措施将客户身份资料和交易记录保存一定期限。2024年修订《反洗钱法》第34条、第53条、第54条、第56条、第58条等对反洗钱义务主体履行客户身份资料和交易记录保存义务及其法律责任作了相应规定。

（4）履行大额交易和可疑交易报告义务。该义务要求反洗钱义务主体在其经营过程中，对经办的单笔或者超过规定金额以上的交易和涉嫌洗钱的资金交易依法向反洗钱监测分析机构报告。2024年修订《反洗钱法》第8条、第35条、第53条、第54条、第55条、第56条、第58条等对反洗钱义务主体履行大额交易和可疑交易报告义务及其法律责任作了相应规定。

（5）履行反洗钱特别预防措施义务。2024年修订《反洗钱法》第40条、第54条、第55条、第56条等对反洗钱义务主体履行反洗钱特别预防措施义务及其法律责任作了相应规定。

（6）履行法律规定的其他反洗钱义务。这里的义务包括遵守反洗钱法规定的禁止性规定。例如，不向身份不明的客户提供服务、与其进行交易；不为客户开立匿名账户、假名账户，不为冒用他人身份的客户开立账户；境外执法不擅自采取行动。又如，依法配合反洗钱监督管理、调查；关注、评估运用新技术、新产品、新业务等带来的洗钱风险。总体上看，这些反洗钱义务是法律规定的，在法律确定的范围内应由反洗钱义务主体履行的义务。

关联法规

《金融机构反洗钱规定》第10条；《支付机构反洗钱和反恐怖融资管理办法》；《金融机构客户身份识别和客户身份资料及交易记录保存管理办法》

第七条　【反洗钱信息保护】对依法履行反洗钱职责或者义务获得的客户身份资料和交易信息、反洗钱调查信息等反洗钱信息，应当予以保密；非依法律规定，不得向任何单位和个人提供。

反洗钱行政主管部门和其他依法负有反洗钱监督管理职

责的部门履行反洗钱职责获得的客户身份资料和交易信息,只能用于反洗钱监督管理和行政调查工作。

司法机关依照本法获得的客户身份资料和交易信息,只能用于反洗钱相关刑事诉讼。

国家有关机关使用反洗钱信息应当依法保护国家秘密、商业秘密和个人隐私、个人信息。

[条文注释]

本条是关于对依法履行反洗钱职责或者义务获得的反洗钱信息予以保密、保护和对其使用作出限制的规定。

2024年修订《反洗钱法》作了以下修改:(1)在对客户身份信息资料和交易信息进行保密的基础上,增加"反洗钱调查信息等反洗钱信息"作为保密的对象,主要是考虑到实践中存在一些涉及调查信息泄露的案件,违反国家保密规定,侵害企业等组织的合法权益与个人信息和隐私。(2)将其他依法负有反洗钱监督管理职责的"部门、机构"修改为"部门",适应机构改革的实际情况,表述上更为准确。(3)对履行职责获取的客户身份资料和交易信息在只能用于反洗钱行政调查工作的基础上,增加规定可以用于反洗钱监督管理工作,将"反洗钱行政调查"修改为"反洗钱监督管理和行政调查工作"。这里对反洗钱信息的使用作了适当扩展,可以用于反洗钱监督管理工作,适应反洗钱监督管理工作的实际需要,对反洗钱信息的保护不会造成不利影响。监管部门履行职责过程中获得的客户身份资料和交易信息等反洗钱信息只能用于上述用途,这一规定体现了严格反洗钱信息使用的精神。(4)将司法机关获取的客户身份资料和交易信息用于"反洗钱刑事诉讼"修改为"反洗钱相关刑事诉讼",如追究洗钱上游犯罪刑事诉讼等特定情形。(5)增加一款作为第4款,规定国家有关机关使用反洗钱信息应当依法保护国家秘密、商业秘密和个人隐私、个人信息。反洗钱信息涉及客户个人隐私、个人信息和商业秘密,国家有关机关在使用过程中应当依法严格保护。

本条第 1 款规定在依法履行反洗钱职责或者义务中获得的反洗钱信息都要保密，不得向任何单位和个人提供。其中，履行反洗钱职责的单位主要包括中国人民银行及其派出机构、反洗钱监测分析机构、有关金融监督管理部门、有关特定非金融机构主管部门和司法机关等；负有反洗钱义务的机构主要是指金融机构和特定非金融机构。上述单位从事反洗钱工作的人员，也应承担相应的保密义务。其他有关法律，如《中国人民银行法》《商业银行法》《银行业监督管理法》等对银行、金融机构及其工作人员的保守秘密义务作了规定，考虑到与其他法律的衔接，该款规定了可以对外提供反洗钱信息的例外规定——其他法律规定可以提供的，则可依该法律。也就是说，其他任何单位和个人要从反洗钱监督管理部门、金融机构、特定非金融机构获取、使用反洗钱信息，必须有明确的法律依据；不能为了其他行政机关监督管理的便利，将反洗钱信息在行政机关之间共享。

根据本条第 2 款的规定，依法履行职责获取反洗钱信息的部门不但不能将信息非法对外提供，而且自己使用时也有用途的限制，只能用于本部门反洗钱监督管理和行政调查工作，不得另作他用，也不能非法提供给其他部门用于反洗钱之外的工作，否则属于违法，应当受到法律追究。例如，银行不得将有关反洗钱信息用于征信等工作，也不得提供给有关金融监管部门用于与反洗钱无关的工作；税务机关不得将反洗钱信息用于税款的征收管理工作。

本条第 3 款的司法机关包括人民检察院、人民法院、履行刑事案件侦查职能的公安机关等。根据该款规定，司法机关依法通过反洗钱途径获得的客户身份资料和交易信息，只能用于反洗钱相关刑事诉讼，包括追究洗钱罪、洗钱上游犯罪刑事诉讼等特定情形，不得将其用于与反洗钱无关的刑事诉讼以及民事、行政审判和执行等工作。

根据本条第 4 款的规定，国家有关机关依照相关法律规定向反洗钱行政主管部门、金融机构等获取反洗钱信息的，在使用过程中应当依法保护国家秘密、商业秘密和个人隐私、个人信息，不得泄露。

本法第 51 条对泄露的法律责任作了规定。

关联法规

《反电信网络诈骗法》第 16、18 条;《反间谍法》第 11 条;《突发事件应对法》第 85 条;《网络安全法》第 30 条;《统计法》第 28 条;《个人信息保护法》第 26 条

第八条　【履职行为受法律保护】履行反洗钱义务的机构及其工作人员依法开展提交大额交易和可疑交易报告等工作,受法律保护。

条文注释

2024 年修订《反洗钱法》主要作了以下修改:在"提交大额交易和可疑交易报告"后增加"等工作",同时完善表述。除提交大额交易和可疑交易报告工作外,履行反洗钱义务的机构及其工作人员依法开展客户尽职调查、采取相应风险管理措施等履行职责工作同样也应受法律保护。

本条对金融机构、特定非金融机构及其工作人员履行相关反洗钱义务受法律保护作了规定。《反洗钱法》对相关反洗钱义务主体应当履行的义务内容作了相应规定,而履行这些义务往往涉及其他相关法律对这些义务主体保护客户权益方面的规定。为此,有必要对法律间的适用作出规定,以避免反洗钱义务主体在法律上陷入"两难"境地。本法第 3 章"反洗钱义务"对执行大额交易报告制度、可疑交易报告制度等反洗钱工作作了具体规定。反洗钱义务机构履行上述报告义务,就涉及其应当依法为客户保密的义务。本条明确规定,这种情况下,报告义务受法律保护。具体可以从以下两方面理解:

一是依法提交大额交易和可疑交易报告工作受法律保护。这是金融机构、特定非金融机构应当履行的反洗钱义务的重要组成部分,金融机构、特定非金融机构及其工作人员依法开展上述工作时,不得以其违反其他法律中有关保护个人隐私、个人信息和商业秘密的规定为由,追究该机构及其工作人员的刑事责任、行政责任和民

事责任,法律对其依法提交大额交易和可疑交易报告的行为予以保护。

二是其他依法开展的履行反洗钱义务的工作同样受法律保护。如根据本法规定,开展客户尽职调查时,要识别并采取合理措施核实客户及其收益所有人身份,了解客户建立业务关系和交易的目的,对涉及较高洗钱风险的,还应当了解相关资金来源和用途;在业务关系存续期间,对存在洗钱高风险情形的,必要时采取限制交易方式、金额或者频次,限制业务类型,拒绝办理业务,终止业务关系等洗钱风险管理措施,以及依法采取反洗钱特别预防措施的工作等,金融机构、特定非金融机构及其工作人员依法开展上述工作的,受法律保护,不得以其违反保护个人隐私、个人信息和商业秘密为由,或者以其损害他人利益为由而受到法律追究。

实践中需要注意的是,法律保护的只是"依法开展提交大额交易和可疑交易报告等工作"的行为,违反法律规定的行为不在保护之列。这就要求金融机构、特定非金融机构在开展提交大额交易和可疑交易报告等工作时,必须按照法律规定的条件和程序进行,依照国务院反洗钱行政主管部门制定的具体办法执行。金融机构、特定非金融机构及其工作人员如果不是出于履行反洗钱义务的需要,或者没有按照规定的条件、程序开展反洗钱工作,如未按照大额交易、可疑交易的标准提交有关交易信息,或者提交虚假的交易信息,或者不与洗钱风险匹配,对不具有洗钱高风险的情形采取洗钱风险管理措施或者采取不合理的措施等的,都不受法律保护。如果违反了法律规定、合同约定,或者侵害他人合法利益,还应当按照法律的规定承担法律责任。

第九条 【反洗钱宣传教育】反洗钱行政主管部门会同国家有关机关通过多种形式开展反洗钱宣传教育活动,向社会公众宣传洗钱活动的违法性、危害性及其表现形式等,增强社会公众对洗钱活动的防范意识和识别能力。

第十条 【单位和个人的义务】任何单位和个人不得从事洗钱活动或者为洗钱活动提供便利,并应当配合金融机构和特定非金融机构依法开展的客户尽职调查。

条文注释

本条是关于任何单位和个人不得从事洗钱活动或者为洗钱活动提供便利的禁止性规定和配合客户尽职调查的义务性规定。

本条规定包括两个方面的内容:

一是任何单位和个人不得从事洗钱活动或者为洗钱活动提供便利。根据《刑法》等法律规定,洗钱活动以及为洗钱提供便利的行为都是违法犯罪行为,任何单位和个人不得从事洗钱活动,也不得为洗钱活动提供任何便利。(1)不得从事洗钱活动包括不得从事"自洗钱"和"他洗钱"。"自洗钱"是指本人实施犯罪后,为了掩饰、隐瞒本人犯罪所得及其收益的来源、性质而实施掩饰、隐瞒犯罪所得及其收益的行为。(2)任何单位和个人不得为洗钱活动提供便利。例如,明知他人实施洗钱犯罪,仍为其提供银行账户、支付账户或者支付结算服务等。

二是单位和个人应当配合金融机构和特定非金融机构依法开展的客户尽职调查。开展客户尽职调查是反洗钱工作的一项基础性制度,是金融机构、特定非金融机构履行反洗钱职责的重要方面。对个人和单位提出协助、配合客户尽职调查工作的要求,是考虑到实践情况和需要,旨在为金融机构、特定非金融机构更好履行反洗钱义务和开展反洗钱工作提供支持。

理解本条规定,实践中还需要注意以下问题:一是单位和个人应当配合金融机构和特定非金融机构依法开展的客户尽职调查。金融机构、特定非金融机构开展客户尽职调查应当依法进行,特别是要注意根据客户特征和交易活动的性质、风险状况进行,对涉及较高洗钱风险的,可以采取有关强化尽职调查措施,如进一步了解相关资金来源和用途等,对于涉及较低洗钱风险的,金融机构应当根据情况简化客户尽职调查,避免"一刀切"采取客户尽职调查措施。对于违反法律规定的条件和程序采取的尽职调查措施,有关单位和个人可以拒绝配合。二是根据本法规定,单位和个人拒不配合金融机构依照本法采取的合理的客户尽职调查措施的,金融机构按照规定的程序,可以采取限制或者拒绝办理业务、终止业务关系等洗钱风险管理措施,并根据情况提交可疑交易报告。

关联法规

《刑法》第191条;《反电信网络诈骗法》第8、31、38、44条;《反有组织犯罪法》第7条;《反恐怖主义法》第9条

第十一条 【举报和表彰奖励】任何单位和个人发现洗钱活动,有权向反洗钱行政主管部门、公安机关或者其他有关国家机关举报。接受举报的机关应当对举报人和举报内容保密。

对在反洗钱工作中做出突出贡献的单位和个人,按照国家有关规定给予表彰和奖励。

条文注释

本条是关于单位和个人有权举报洗钱活动和对在反洗钱工作中做出突出贡献的单位和个人予以表彰、奖励的规定。

本条第1款是关于单位和个人有权举报的规定,可以从以下三个方面理解:

一是发现洗钱活动进行举报既是权利也是义务。举报违法犯罪活动是公民和单位的权利和义务。《刑事诉讼法》中规定了任何单位和个人在发现犯罪事实或者犯罪嫌疑人时,有权利也有义务向公安机关、人民检察院或者人民法院举报。

二是接受举报的国家机关范围是反洗钱行政主管部门、公安机关或者其他有关国家机关。这里的反洗钱行政主管部门是指中国人民银行及其派出机构。公安机关负责侦查洗钱犯罪,依法受理群众对洗钱犯罪的举报。这里的"其他有关国家机关",既包括金融监督管理部门(如金融监管、证券监管部门等)、特定非金融机构主管部门,也包括海关、税务、市场监管等在其法定职责内履行反洗钱监管职责的部门。

三是接受举报的机关应当对举报人和举报内容保密。反洗钱行政主管部门、公安机关或者其他有关国家机关接到举报后,应当按照规定及时处理,并对举报人及举报内容保密。这是接受举报的国家机关的义务。这样规定可以减少举报人的顾虑,鼓励举报人大胆同洗钱活动作斗争,保护举报人的利益。

本条第2款规定,对在反洗钱工作中做出突出贡献的单位和个人,按照国家有关规定给予表彰和奖励。通过对做出突出贡献的反洗钱工作人员给予表彰和奖励,可以更好地动员相关工作人员以及全社会共同参与反洗钱工作和与洗钱作斗争。本条中的"在反洗钱工作中做出突出贡献的单位和个人"既包括负有反洗钱工作职责或者履行反洗钱义务的机构及其工作人员,也包括实施举报洗钱活动等行为的其他单位和个人。给予表彰和奖励,包括给予物质奖励和精神奖励;开展表彰、奖励工作时依照"国家有关规定"如国务院反洗钱行政主管部门制定的规定或者公安部制定的规定等进行;有关方面应当及时完善相关表彰、奖励具体规定。

关联法规

《反电信网络诈骗法》第30条;《海关法》第13条;《反有组织犯罪法》第8条;《反恐怖主义法》第10条;《反间谍法》第9条

第十二条 【境外适用】 在中华人民共和国境外(以下简称境外)的洗钱和恐怖主义融资活动,危害中华人民共和国主权和安全,侵犯中华人民共和国公民、法人和其他组织合法权益,或者扰乱境内金融秩序的,依照本法以及相关法律规定处理并追究法律责任。

条文注释

本条规定包括以下三个方面的内容:

一是本条针对的是在中华人民共和国境外的洗钱和恐怖主义融资活动。反洗钱监管属于行政监管工作,适用范围传统上主要立足于对境内洗钱活动进行防范、监管和处罚。根据本法第6条的规定,境外适用是对本法属地管辖原则的补充,是针对境外洗钱活动规定的保护管辖原则。在境外实施洗钱活动，既包括中国公民、法人和其他组织参与的发生在中华人民共和国境外的洗钱、恐怖主义融资等活动，也包括外国公民、法人和其他组织的洗钱、恐怖主义融资活动，只要危害中华人民共和国主权和安全，侵犯中华人民共和国公民、法人和其他组织合法权益，或者扰乱境内金融秩序的，本法可以依法管辖，这为进行反洗钱跨境监管等提供了法律依据。

二是并非适用于所有的境外洗钱和恐怖主义融资活动，而是要求具备危害中华人民共和国主权和安全，侵犯中华人民共和国公民、法人和其他组织合法权益，或者扰乱境内金融秩序的条件，这是适用本法及相关法律的前提。需要注意的是，发生在境外的洗钱、恐怖主义融资活动有上述三种危害情形之一的，即可适用本法以及相关法律。实践中，是否符合"危害中华人民共和国主权和安全，侵犯中华人民共和国公民、法人和其他组织合法权益，或者扰乱境内金融秩序"的条件，由监管、执法部门综合各方面情况和需要进行判断。

三是依照本法以及相关法律规定处理并追究法律责任。对在境外发生的洗钱、恐怖主义融资活动，我国法律对洗钱和恐怖主义融资活动作出规定的都可以适用，包括依照本法规定要求其履行义务、对其采取措施或者作出处罚，以及依照《刑法》《反恐怖主义法》等规定追究法律责任等。在依照《刑法》规定追究刑事责任时，需要根据有关管辖原则的规定和条件进行追究。

第二章 反洗钱监督管理

第十三条 【反洗钱行政主管部门职责】国务院反洗钱行政主管部门组织、协调全国的反洗钱工作，负责反洗钱的资金监测，制定或者会同国务院有关金融管理部门制定金融机构反洗钱管理规定，监督检查金融机构履行反洗钱义务的情况，在职责范围内调查可疑交易活动,履行法律和国务院规定的有关反洗钱的其他职责。

国务院反洗钱行政主管部门的派出机构在国务院反洗钱行政主管部门的授权范围内,对金融机构履行反洗钱义务的情况进行监督检查。

条文注释

本条第1款是关于国务院反洗钱行政主管部门反洗钱职责的规定。根据相关规定,国务院反洗钱行政主管部门的反洗钱职责包括:

(1)组织、协调全国的反洗钱工作。截至2022年年底,反洗钱工作部际联席会议成员单位调整、补充为22家。具体包括国家监察委员会、最高人民法院、最高人民检察院、外交部、公安部、国家安全部、司法部、财政部、住房和城乡建设部、海关总署、国家税务总局、国家市场监管总局等,由中国人民银行牵头,负责组织、协调全国的反洗钱工作。(2)负责反洗钱的资金监测。《中国人民银行法》第4条第1款第10项规定,中国人民银行履行指导、部署金融业反洗钱工作,负责反洗钱的资金监测的职责。本法对该内容再次作了规定。本法第16条第1款规定,国务院反洗钱行政主管部门组织设立反洗钱监测分析机构,反洗钱监测分析机构开展反洗钱资金监测。(3)制定或者会同国务院有关金融管理部门制定金融机构反洗钱管理规定。这里的国务院有关金融管理部门是指中国人民银行以外的其他负有金融管理职责的部门,包括国家金融监督管理总局、中国证券监督管理委员会和国家外汇管理局。(4)监督检查金融机构履行反洗钱义务的情况。国务院反洗钱行政主管部门对金融机构履行反洗钱义务的情况开展监督检查,是其履行职责的重要方式,也是督促指导金融机构依法做好反洗钱相关工作的重要举措。(5)在职责范围内调查可疑交易活动。调查可疑交易活动,是指反洗钱行政主管部门对于反洗钱监督管理工作中依法获取的可疑交易活动,根据情况开展行政调查,以确定是否存在涉嫌洗钱活动的情形。(6)履行法律和国务院规定的有关反洗钱的其他职责。本条明确列举的只是反洗钱行政主管部门的主要职责,反洗钱工作涉及多方面、多个部门,反洗钱行政主管部门在其中要承担牵头管总的责任,除本条列举的事项之外,本法中以及其他法律中也有关于其职责的规定。

本条第2款是关于国务院反洗钱行政主管部门派出机构的职责的规定。反洗钱工作主要依靠广大金融机构等义务主体在日常工作中依法将做好洗钱风险防范、可疑交易发现和报告等工作来落到实处。这就需要反洗钱行政主管部门加强对义务机构反洗钱工作的监督、指导。考虑到反洗钱义务机构的数量、分布实际情况,有必要适当授权驻在各地的派出机构具体承担相应的监督管理职责。这样既便于派出机构就近对金融机构履行反洗钱义务的情况进行监督检查和督促指导,也避免出现将具体履职活动都集中于中央机关导致履职不到位而难以及时监测发现洗钱行为的情况。

关联法规

《中国人民银行法》第4、13、32条;《金融机构反洗钱规定》;《支付机构反洗钱和反恐怖融资管理办法》;《金融机构大额交易和可疑交易报告管理办法》;《金融机构反洗钱和反恐怖融资监督管理办法》;《互联网金融从业机构反洗钱和反恐怖融资管理办法(试行)》;《银行跨境业务反洗钱和反恐怖融资工作指引(试行)》;《金融机构客户尽职调查和客户身份资料及交易记录保存管理办法》

第十四条 【有关金融管理部门职责】 国务院有关金融管理部门参与制定所监督管理的金融机构反洗钱管理规定,履行法律和国务院规定的有关反洗钱的其他职责。

有关金融管理部门应当在金融机构市场准入中落实反洗钱审查要求,在监督管理工作中发现金融机构违反反洗钱规定的,应当将线索移送反洗钱行政主管部门,并配合其进行处理。

条文注释

本条第1款是关于国务院有关金融管理部门参与制定所监督管理的金融机构反洗钱管理规定,履行法律和国务院规定的有关反洗钱的其他职责的规定。这里的国务院有关金融管理部门是指国家金融监督管理总局、中国证券监督管理委员会和国家外汇管理局。本法作为反洗钱领域基础性法律,对于反洗钱主要制度作出规定,为反洗钱工作提供基本法律依据。从反洗钱工作的实际需要出发,还需要国务院行政法规、主管部门的规章及其他规范性文件对反洗钱相关具体事项作出详细规定,以便反洗钱义务机关遵守和执行。为此,本法第13条对于制定金融机构反洗钱管理规定作了明确规定,即由国务院反洗钱行政主管部门制定,或者由其会同金融管理部门制定。

本条第2款是关于有关金融管理部门应当在金融机构市场准入中落实反洗钱审查要求,发现金融机构违反反洗钱规定的,应当将线索移送反洗钱行政主管部门,并配合处理的规定。本款包括以下两个方面的内容:(1)有关金融管理部门应当在金融机构市场准入中落实反洗钱审查要求。金融机构市场准入需经有关金融管理部门批准。《商业银行法》《银行业监督管理法》《证券法》《保险法》等法律对有关部门的审批职责作了明确规定。防止金融机构被用于洗钱活动是反洗钱工作重要领域,《反洗钱法》对金融机构反洗钱义务作了明确规定,如建立健全内部控制制度,设立或指定内设机构负责反洗钱工作,建立客户尽职调查制度,执行大额和可疑交易报告制度等。这些反洗钱制度措施在金融机构建立之时就应当做好统筹安排。为此,本款明确要求作为金融机构监管部门的相关金融管理部门在市场准入环节就要对申请准入的金融机构落实反洗钱要求的情况进行审查,作为相关金融机构的准入条件之一。(2)有关金融管理部门在监督管理工作中发现金融机构违反反洗钱规定的,应当将线索移送反洗钱行政主管部门,并配合其进行处理。这主要是为了推动反洗钱监管合作,在反洗钱监管、处罚等具体监管活动中加强部门间监管协调,提高反洗钱监管整体的有效性。根据本法第5条的规定,一方面,反洗钱行政主管部门在根据有关线索进行核实和监督检查的过程中,需要有关金融管理部门和金融机构的配合,有关金融管理部门应当予以配合,提供协助。另一方面,部分资格罚的实施主体是有关金融管理部门,需要金融管理部门配合予以处罚。

关联法规

《银行业监督管理法》第2、15、16、19、21、23~25条;《证券法》第118、169、170条;《保险法》第9、134、137、154条;《商业银行法》第11、19条;《关于完善反洗钱、反恐怖融资、反逃税监管体制机制的意见》;《银行跨境业务反洗钱和反恐怖融资工作指引(试行)》;《金融机构客户尽职调查和客户身份资料及交易记录保存管理办法》

第十五条 【特定非金融机构主管部门职责】国务院有关特定非金融机构主管部门制定或者国务院反洗钱行政主管部门会同其制定特定非金融机构反洗钱管理规定。

有关特定非金融机构主管部门监督检查特定非金融机构履行反洗钱义务的情况,处理反洗钱行政主管部门提出的反洗钱监督管理建议,履行法律和国务院规定的有关反洗钱的其他职责。有关特定非金融机构主管部门根据需要,可以请求反洗钱行政主管部门协助其监督检查。

条文注释

本条第1款是关于特定非金融机构反洗钱管理规定制定的规定。

本法第6条规定应当履行反洗钱义务的特定非金融机构,应当依法采取预防、监控措施,建立健全反洗钱内部控制制度,履行客户尽职调查、客户身份资料和交易记录保存、大额交易和可疑交易报告、反洗钱特别预防措施等反洗钱义务。也就是说,本法将特定非金融机构纳入了反洗钱义务主体的范围。但是,考虑到特定非金融机构涉及行业、领域众多,经营活动的内容、特点差异较大,本法没有对特定非金融机构应履行的反洗钱义务以及对其的监督管理等方面进行具体规定,而是通过本款对国务院有关特定非金融机构主管部门和国务院反洗钱行政主管部门进行授权,由国务院有关特定非金融机构主管部门单独或者国务院反洗钱行政主管部门牵头会同国务院有关特定非金融机构主管部门，根据反洗钱工作的实际需要，制定特定非金融机构履行反洗钱义务和对其监督管理等方面的具体办法。

根据本法第64条规定的特定非金融机构的范围，这里的"国务院有关特定非金融机构主管部门"主要有：(1)住房和城乡建设部。负责对提供房屋销售、房屋买卖经纪服务的房地产开发企业或者房地产中介机构的监管。(2)财政部。负责对受委托为客户办理买卖不动产、代管资金、证券或者其他资产，代管银行账户、证券账户，为成立、运营企业筹措资金以及代理买卖经营性实体业务的会计师事务所的监管。(3)司法部。负责对受委托为客户办理买卖不动产、代管资金、证券或者其他资产，代管银行账户、证券账户，为成立、运营企业筹措资金以及代理买卖经营性实体业务的律师事务所、公证机构的监管。(4)中国人民银行。负责对从事贵金属、珠宝玉石现货交易的贵金属、珠宝玉石交易场所以及贵金属、珠宝玉石交易商的监管。(5)其他监管部门。对其他由国务院反洗钱行政主管部门会同国务院有关部门依据洗钱风险状况确定的需要履行反洗钱义务的机构进行监管。这里的"国务院反洗钱行政主管部门"是指中国人民银行。

本条第2款是关于对特定非金融机构履行反洗钱义务情况进行监督检查的规定。

第一，有关特定非金融机构主管部门的职责。根据实际情况，本款规定对特定非金融机构采取多部门分散监管，以行业主管部门为主的监管模式。有关特定非金融机构主管部门主要履行以下监管职责：(1)监督检查特定非金融机构履行反洗钱义务的情况。开展反洗钱日常监督和检查工作，督促特定非金融机构开展洗钱风险自评估，并采取相应措施缓解风险，落实客户尽职调查等反洗钱义务。对未完成相关要求的非金融机构开展多种方式督促整改，情节严重的予以处罚。(2)处理国务院反洗钱行政主管部门提出的反洗钱监管意见和建议，落实国务院反洗钱行政主管部门具有针对性的监管意见和建议。(3)履行法律和国务院规定的有关反洗钱的其他职责。

第二,反洗钱行政主管部门协助监督检查。反洗钱工作专业性、技术性强,中国人民银行作为反洗钱行政主管部门,经过多年的实践,在反洗钱监管方面积累了丰富的经验做法、技术能力等。实践中,国务院反洗钱行政主管部门与特定非金融行业有关主管部门通过反洗钱工作部际联席会议机制保持良好合作。

关联法规

《关于完善反洗钱、反恐怖融资、反逃税监管体制机制的意见》《关于加强贵金属交易场所反洗钱和反恐怖融资工作的通知》《关于规范购房融资和加强反洗钱工作的通知》《关于加强注册会计师行业监管有关事项的通知》

第十六条 【反洗钱监测分析机构职责】国务院反洗钱行政主管部门设立反洗钱监测分析机构。反洗钱监测分析机构开展反洗钱资金监测,负责接收、分析大额交易和可疑交易报告,移送分析结果,并按照规定向国务院反洗钱行政主管部门报告工作情况,履行国务院反洗钱行政主管部门规定的其他职责。

反洗钱监测分析机构根据依法履行职责的需要,可以要求履行反洗钱义务的机构提供与大额交易和可疑交易相关的补充信息。

反洗钱监测分析机构应当健全监测分析体系,根据洗钱风险状况有针对性地开展监测分析工作,按照规定向履行反洗钱义务的机构反馈可疑交易报告使用情况,不断提高监测分析水平。

条文注释

本条是关于反洗钱监测分析机构的设立、职责和能力建设的规定。

本条第1款是关于反洗钱监测分析机构的设立和职责的规定。

国务院反洗钱行政主管部门设立反洗钱监测分析机构。建立专门负责反洗钱资金监测的金融情报机构是有效的反洗钱制度的重要内容和内在要求，也是有关反洗钱国际标准的普遍要求。2004年4月，我国建立了反洗钱监测分析中心。该中心是中国人民银行总行直属的、不以营利为目的的独立的法人单位，是为中国人民银行履行组织协调国家反洗钱工作职责而设立的收集、分析、监测和提供反洗钱情报信息的专门机构。

反洗钱监测分析机构负责管理、运行国家反洗钱数据库，接收银行、证券、保险、支付、特定非金融机构等各类行业数千家机构的大额交易和可疑交易报告，载入国家反洗钱数据库。反洗钱数据库为反洗钱监测分析机构根据大额交易和可疑交易报告开展穿透式资金监测分析提供了信息基础。反洗钱监测分析机构由国务院反洗钱行政主管部门机构设立，应当按照有关规定定期或者就特定事项向中国人民银行报告工作情况。同时，我国反洗钱监测分析机构还需履行国务院反洗钱行政主管部门规定的其他职责，如《金融机构反洗钱规定》第6条规定，中国反洗钱监测分析中心依法履行的职责还包括经中国人民银行批准，与境外有关机构交换信息、资料。

本条第2款是关于反洗钱监测分析机构可以要求履行反洗钱义务的机构提供与大额交易和可疑交易相关的补充信息的规定。反洗钱监测分析机构在对金融机构或者特定非金融机构提交的交易报告进行分析过程中，有时可能需要进一步了解该交易报告涉及的相关信息。为此，本法规定了反洗钱监测分析机构要求有关金融机构补充提供信息，有关机构应当协助提供。

本条第3款是反洗钱监测分析机构应当健全监测分析体系，不断提高监测分析水平的规定。洗钱活动会随着反洗钱工作的加强和情况的变化而不断变换形式、渠道等，为此，反洗钱监测分析机构必须适应不断变化的形势和情况，不断健全监测分析体系，提高监测分析水平。只有这样，才能使反洗钱监测分析机构更好地发挥作用，提高工作质效。

关联法规

《金融机构反洗钱规定》第6条;《关于完善反洗钱、反恐怖融资、反逃税监管体制机制的意见》

第十七条 【部门间信息交换】国务院反洗钱行政主管部门为履行反洗钱职责,可以从国家有关机关获取所必需的信息,国家有关机关应当依法提供。

国务院反洗钱行政主管部门应当向国家有关机关定期通报反洗钱工作情况,依法向履行与反洗钱相关的监督管理、行政调查、监察调查、刑事诉讼等职责的国家有关机关提供所必需的反洗钱信息。

条文注释

本条是关于国务院反洗钱行政主管部门与国家有关机关进行反洗钱信息共享、交流的规定。

本条第1款是关于国务院反洗钱行政主管部门为履行反洗钱职责,可以从国家有关机关获取所必需的信息的规定。国务院反洗钱行政主管部门履行反洗钱资金监测等职责,必须建立在拥有足够信息的基础上。金融机构和特定非金融机构等反洗钱义务主体上报大额交易、可疑交易相关信息,是反洗钱信息的主要来源。同时,金融机构等反洗钱义务主体是商事主体,其掌握的信息有其行业、领域等特点和局限,而相关国家机关在履行公共管理、提供公共服务过程中,也会形成相关的信息,这些信息可能为反洗钱工作所必需。另外,对于反洗钱义务机构提供的信息,如果反洗钱行政主管部门需要进一步分析、核实、甄别时,可能需要其他部门提供信息支持,将其与已掌握的信息进行交叉比对、核实,形成可靠的分析结论。需要说明的是,其他相关部门向反洗钱行政主管部门提供信息,应当符合相关法律规定,即应当"依法"提供,并不是可以任意共享任何信息。

本条第2款是关于国务院反洗钱行政主管部门应当向国家有关

第二章 反洗钱监督管理

机关定期通报反洗钱工作情况,依法向履行与反洗钱相关的监督管理、行政调查等职责的国家有关机关提供必需的反洗钱信息的规定。2003年,经国务院批准,中国人民银行牵头成立了反洗钱工作部际联席会议机制,最高人民法院、最高人民检察院、公安部、海关总署、国家税务总局等20多家成员单位参加。国务院反洗钱行政主管部门向有关机关通报反洗钱工作情况,有助于部门之间形成工作合力。通报的信息可以包括反洗钱法律制度的修改和完善情况,反洗钱工作机制及部门间合作情况,洗钱行为的发展趋势、手段和类型变化,可疑交易与被公安机关立案侦查的洗钱案件的情况,反洗钱国际合作情况等。

需要强调的是,国务院反洗钱行政主管部门对外提供反洗钱信息,必须依照法律规定进行;相关部门向国务院反洗钱部门提出信息请求,必须有相应的法律依据。关于国务院反洗钱行政主管部门向履行与反洗钱相关的监督管理、行政调查等职责的国家有关机关提供反洗钱信息的具体操作办法,2009年中国人民银行、公安部等部门共同制定的《反洗钱信息查询规定(试行)》中有详细规定。

关联法规
《反洗钱信息查询规定(试行)》

第十八条 【海关信息通报机制】出入境人员携带的现金、无记名支付凭证等超过规定金额的,应当按照规定向海关申报。海关发现个人出入境携带的现金、无记名支付凭证等超过规定金额的,应当及时向反洗钱行政主管部门通报。

前款规定的申报范围、金额标准以及通报机制等,由国务院反洗钱行政主管部门、国务院外汇管理部门按照职责分工会同海关总署规定。

条文注释

本条是关于出入境人员携带现金、无记名支付凭证的申报,以及海关发现超过规定金额时向反洗钱行政主管部门通报制度的规定。

本条第 1 款包含以下两个方面的内容：

第一，出入境人员携带的现金、无记名支付凭证等超过规定金额的，应当按照规定向海关申报。对于携带现金出入境的管理，有关行政法规和部门规章有明确规定，如《人民币管理条例》第 29 条规定，中国公民出入境、外国人入出境携带人民币实行限额管理制度，具体限额由中国人民银行规定。对于携带无记名支付凭证出入境的管理，需有关主管部门根据无记名支付凭证的种类予以制定。这里规定的"无记名支付凭证"包含境内外有关支付凭证，包括无记名票据、无记名银行存款凭证，以及跨境携带、使用的不记名银行卡或以其他数字形式存在的支付凭证等。

第二，海关发现出入境人员携带的现金、无记名支付凭证等超过规定金额的，应当及时向反洗钱行政主管部门通报。根据规定，其一，海关负有监管进出境人员携带现金和无记名支付凭证的职责。监管责任主体是海关，监管的对象是出入境人员携带的现金和无记名支付凭证。其二，海关发现个人出入境携带的现金、无记名支付凭证等超过规定金额的，应当及时向反洗钱行政主管部门通报。

需要注意的是，海关在对出入境人员携带的现金、无记名支付凭证实施监管的过程中，若发现涉嫌洗钱、恐怖主义融资等违法犯罪的，也应当及时向反洗钱行政主管部门和有管辖权的公安机关通报，以便反洗钱部门采取反洗钱行政调查等措施，公安机关根据反恐怖主义法和刑事诉讼法等法律的规定采取相应的反恐怖行政调查或者刑事侦查等反恐措施。对此，本法第 20 条和《反恐怖主义法》第 26 条已有相关规定。

本条第 2 款规定的出入境人员携带现金、无记名支付凭证的申报范围、金额标准以及通报机制等规则的制定主体为中国人民银行、国家外汇管理局、海关总署。主要考虑如下：一是国家外汇管理局履行外汇（包括外币现钞、外币支付凭证或者支付工具、外币有价证券）管理职责。二是海关是国家的进出关境监督管理机关，负有检查进出境运输工具，查验进出境货物、物品，检查走私嫌疑人的身体等职权,对个人携带现金和无记名支付凭证进出境进行检查,属于海关的事权范围。三是中国人民银行负责全国的反洗钱监督管理工作,其职责包括制定反洗钱管理规定,现金、无记名支付凭证的出入境存在洗钱风险。

关联法规

《海关法》第6条;《反恐怖主义法》第26条;《人民币管理条例》第29条;《外汇管理条例》第15、42条;《携带外币现钞出入境管理暂行办法》第3、7条

第十九条 【受益所有人信息管理】国务院反洗钱行政主管部门会同国务院有关部门建立法人、非法人组织受益所有人信息管理制度。

法人、非法人组织应当保存并及时更新受益所有人信息,按照规定向登记机关如实提交并及时更新受益所有人信息。反洗钱行政主管部门、登记机关按照规定管理受益所有人信息。

反洗钱行政主管部门、国家有关机关为履行职责需要,可以依法使用受益所有人信息。金融机构和特定非金融机构在履行反洗钱义务时依法查询核对受益所有人信息;发现受益所有人信息错误、不一致或者不完整的,应当按照规定进行反馈。使用受益所有人信息应当依法保护信息安全。

本法所称法人、非法人组织的受益所有人,是指最终拥有或者实际控制法人、非法人组织,或者享有法人、非法人组织最终收益的自然人。具体认定标准由国务院反洗钱行政主管部门会同国务院有关部门制定。

条文注释

本条是关于法人、非法人组织受益所有人信息管理制度建立、信息保存及更新、信息使用的规定。

本条第1款包含以下几个方面的内容:第一,关于法人、非法人

组织受益所有人信息管理制度的建立主体。根据本款规定,国务院反洗钱行政主管部门会同国务院有关部门建立法人、非法人组织受益所有人信息管理制度。之所以这样规定,是因为国务院反洗钱行政主管部门即中国人民银行主管反洗钱工作,而法人、非法人组织提交受益所有人信息主要是为了供反洗钱工作中有关方面查询、核对信息使用。国务院有关部门主要是指国家市场监督管理总局。作为企业登记主管部门,国家市场监督管理总局有条件在企业登记工作中一并做好受益所有人信息登记相关管理工作。第二,关于法人、非法人组织受益所有人信息管理制度的内容。该制度可以从两个方面理解:一是法人、非法人组织应当保存并及时更新受益所有人信息,按照规定向登记机关如实提交并及时更新受益所有人信息。二是反洗钱行政主管部门、登记机关按照规定管理受益所有人信息,并对向登记机关提交虚假或者不实的受益所有人信息的法人、非法人组织,或者未按照规定及时更新受益所有人信息的法人、非法人组织给予一定的处罚。

本条第2款包含以下几个方面的内容:第一,关于法人、非法人组织的义务。建立受益所有人制度,目的主要是防范自然人利用法人和法律安排从事洗钱犯罪行为,提高法人和法律安排的透明度,提高受益所有权信息的可获得性,以便监管部门和反洗钱义务机构充分、准确、及时地获取受益所有人信息。第二,关于反洗钱行政主管部门、登记机关按照规定管理受益所有人信息的职责。按照中国人民银行和国家市场监督管理总局《受益所有人信息管理办法》的规定,国家市场监督管理总局统筹指导相关登记注册系统建设,指导地方登记机关依法开展受益所有人信息备案工作,及时将归集的受益所有人信息推送至中国人民银行。县级以上地方市场监督管理部门督促备案主体及时备案受益所有人信息。法人、非法人组织未按照规定向登记机关提交受益所有人信息的,依照企业登记管理有关行政法规处理。

本条第3款包含以下几个方面的内容:第一,反洗钱行政主管部门、国家有关机关为履行职责需要,可以依法使用受益所有人信息,国家有关机关可以依法向中国人民银行获取受益所有人信息。国家有关机关、金融机构和特定非金融机构发现登记的受益所有人信息存在错误、不一致或者不完整的，应当及时向国务院反洗钱行政主管部门反馈，由其依法进行核实。第二，金融机构和特定非金融机构在履行反洗钱义务时依法查询核对受益所有人信息。第三，使用受益所有人信息应当依法保护信息安全。国家有关机关以及金融机构、特定非金融机构对依法获得的受益所有人信息应当予以保密。

本条第4款包含以下几个方面的内容：第一，关于受益所有人定义。受益所有人，指的是能够对某个客户拥有最终所有权或控制权的一个或多个自然人，以及以其名义进行交易的自然人，此外还包括对法人或者法律安排（此处的"法律安排"主要是指信托或者通过其他法律允许的公司架构、出资模式、管理机制等实现管控的制度性安排）行使最终有效控制权的自然人。判断受益所有人，包括两个指标：一是，对企业实体、交易享有最终受益的自然人，强调实际受益；二是，对企业实体拥有最终有效控制权的自然人，强调实际控制。本法所称法人、非法人组织受益所有人是指最终拥有或者实际控制法人、非法人组织，或者享有法人、非法人组织最终收益的自然人。

第二，关于受益所有人与实际控制人的联系与区别。目前法律主要是在公司管理的语境下使用"实际控制人"的表述，根据《公司法》第265条第3项的规定，实际控制人，是指通过投资关系、协议或者其他安排，能够实际支配公司行为的人。中国人民银行在《〈受益所有人信息管理办法〉答记者问》中提出，受益所有人与公司法中规定的"实际控制人"有类似之处，但两者不同。首先，"受益所有人"比"实际控制人"的含义更丰富，包括拥有、控制和收益三个方面的内容，受益所有人既可以是公司（合伙企业）的拥有者，也可以是公司（合伙企业）的控制者、获益者。其次，"实际控制人"既可以是法人也可以是自然人，而受益所有人是自然人。在识别受益所有人时，要"层层穿透"至最终拥有、实际控制备案主体或享有其最终收益的自然人。

第三，关于受益所有人与受益人的联系和区别。目前法律中主要是在保险、信托、无因管理等语境下使用"受益人"概念。从我国《保险法》《信托法》规定的"受益人"概念来看,这里的受益人强调的是受益,即获得利益的人,也未限定为自然人。与保险、信托法律关系中的"受益人"概念相比,"受益所有人"包含了受益和控制两层含义,既能包含和覆盖"受益人"的概念,也能确定并穿透到实际拥有和控制公司、保险、信托,特别是享有交易实际利益的自然人,真正实现穿透监管的目的。

第四,关于受益所有人的具体认定标准。受益所有人的具体认定标准由国务院反洗钱行政主管部门会同国务院有关部门制定。

关联法规

《受益所有人信息管理办法》第 6 条;《关于加强反洗钱客户身份识别有关工作的通知》;《关于进一步做好受益所有人身份识别工作有关问题的通知》;《受益所有人信息管理办法》

第二十条 【线索和相关证据材料移送】 反洗钱行政主管部门和其他依法负有反洗钱监督管理职责的部门发现涉嫌洗钱以及相关违法犯罪的交易活动,应当将线索和相关证据材料移送有管辖权的机关处理。接受移送的机关应当按照有关规定反馈处理结果。

条文注释

本条包含以下几个方面的内容:

第一,反洗钱行政主管部门和其他依法负有反洗钱监督管理职责的部门发现涉嫌洗钱以及相关违法犯罪的交易活动,应当移送有管辖权的机关处理。

一是关于反洗钱行政主管部门。本法规定的反洗钱行政主管部门是指依法承担主要反洗钱监管职责的国务院部门。按照相关法律和部门"三定"方案规定,国务院反洗钱行政主管部门为中国人民银行。根据本法的规定,国务院反洗钱行政主管部门组织、协调全国的反洗钱工作,负责反洗钱的资金监测,制定或者会同国务院有关金融管理部门制定金融机构反洗钱管理规定,监督检查金融机构履行反洗钱义务的情况,在职责范围内调查可疑交易活动,履行法律和国务院规定的有关反洗钱的其他职责。

二是关于其他依法负有反洗钱监督管理职责的部门的范畴。根据本法和有关法律的规定,其他依法负有反洗钱监督管理职责的部门可分为两类:一类是除中国人民银行以外的其他金融管理部门,具体包括国家金融监督管理总局、中国证券监督管理委员会等。国务院有关金融管理部门参与制定所监督管理的金融机构反洗钱管理规定,履行法律和国务院规定的有关反洗钱的其他职责。另一类是指履行反洗钱义务的特定非金融机构所属行业、领域的主管部门,如住房和城乡建设部管理房地产企业、财政部管理会计师事务所等。

三是反洗钱行政主管部门和其他依法负有反洗钱监督管理职责的部门发现涉嫌洗钱以及相关违法犯罪的交易活动的移送线索职责。实践中,中国人民银行、金融监督管理等部门在反洗钱有关检查、监管履职中,可能发现违反税收征管、外汇管理等有关规定的行为,对此应当通报有关主管部门。"相关违法活动",一般是指反洗钱监测发现犯罪以外的违反法律法规的活动,例如涉及税务、证券、外汇等违法行为,需要移送相关行政机关处理。

第二,接受移送的机关应当按照有关规定反馈处理结果。接受移送的机关应当反馈处理结果,目的是完善现有反洗钱线索的单向移送机制,有助于反洗钱行政主管部门完善监测机制、模型,更好地发挥监测作用。考虑到反馈信息可能涉及信息保密要求、移送具体协作机制安排等,反馈信息要按照有关规定进行。

关联法规

《中国人民银行法》第4、32条;《行政执法机关移送涉嫌犯罪案件的规定》

第二十一条 【监督管理职责】反洗钱行政主管部门为依法履行监督管理职责,可以要求金融机构报送履行反洗钱义务情况,对金融机构实施风险监测、评估,并就金融机构执行本法以及相关管理规定的情况进行评价。必要时可以按照规定约谈金融机构的董事、监事、高级管理人员以及反洗钱工作直接负责人,要求其就有关事项说明情况;对金融机构履行反洗钱义务存在的问题进行提示。

条文注释

本条是关于反洗钱行政主管部门反洗钱监督管理职权的规定。

本条包含以下几个方面的内容:

第一,关于监管职责的具体内容。一是要求金融机构报送履行反洗钱义务情况。根据2021年中国人民银行《金融机构反洗钱和反恐怖融资监督管理办法》第15条的规定,金融机构应当按照中国人民银行的规定报送反洗钱和反恐怖融资工作信息。金融机构应当对相关信息的真实性、完整性、有效性负责。2021年中国人民银行《金融机构反洗钱和反恐怖融资监督管理办法》第17条规定了报送履行反洗钱义务情况的具体内容范围,包括:(1)制定或者修订主要反洗钱和反恐怖主义融资内部控制制度的;(2)牵头负责反洗钱和反恐怖主义融资工作的高级管理人员、牵头管理部门或者部门主要负责人调整的;(3)发生涉及反洗钱和反恐怖主义融资工作的重大风险事项的;(4)境外分支机构和控股附属机构受到当地监管当局或者司法部门开展的与反洗钱和反恐怖主义融资相关的执法检查、行政处罚、刑事调查或者发生其他重大风险事件的;(5)中国人民银行要求报告的其他事项。二是对金融机构实施风险监测、评估,并就金融机构执行反洗钱法以及相关管理规定的情况进行评价。根据《金融机构反洗钱和反恐怖融资监督管理办法》第23条的规定,金融机构报送的反洗钱和反恐怖主义融资工作信息,反洗钱行政主管部门在日常监管中获得的其他信息都是对金融机构反洗钱和反恐怖主义融资制度建立健全情况和执行情况的评价依据。三是约谈金融机构的董事、监事、高级管理人员以及反洗钱工作直接负责人,要求其就有关事项说明情况,对金融机构履行反洗钱义务存在的问题进行提示。

第二,关于监管职责所体现的监管理念。根据本条规定,中国人民银行及其分支机构依法对金融机构反洗钱和反恐怖主义融资工作进行监督管理,无论是要求报送履行义务的情况,还是对金融机构进行风险监测、评估和评价等,均充分体现了其对洗钱风险的关注,以及围绕洗钱风险配置监管资源的理念。关于约谈和提示的规定,一方面体现了抓关键少数的监管方法和思路;另一方面体现了以指导督促金融机构做好反洗钱风险防范工作的导向,而非简单予以处罚了事。

【关联法规】

《金融机构反洗钱和反恐怖融资监督管理办法》第15、17、28条

第二十二条 【监督检查措施和程序】反洗钱行政主管部门进行监督检查时,可以采取下列措施:

(一)进入金融机构进行检查;

(二)询问金融机构的工作人员,要求其对有关被检查事项作出说明;

(三)查阅、复制金融机构与被检查事项有关的文件、资料,对可能被转移、隐匿或者毁损的文件、资料予以封存;

(四)检查金融机构的计算机网络与信息系统,调取、保存金融机构的计算机网络与信息系统中的有关数据、信息。

进行前款规定的监督检查,应当经国务院反洗钱行政主管部门或者其设区的市级以上派出机构负责人批准。检查人员不得少于二人,并应当出示执法证件和检查通知书;检查人员少于二人或者未出示执法证件和检查通知书的,金融机构有权拒绝接受检查。

【条文注释】

本条是关于反洗钱行政主管部门依法进行反洗钱监督检查时可以采取的措施的相关规定。

本条第1款是关于反洗钱行政主管部门进行监督检查时可以采

取的措施的规定。关于反洗钱行政主管部门对金融机构进行监督检查时可以采取的措施范围。措施包括进入金融机构现场检查，询问金融机构的工作人员，查阅、复制金融机构与被检查事项有关的文件、资料，对可能被转移、隐匿或者毁损的文件、资料予以封存，检查金融机构的计算机网络与信息系统，调取、保存金融机构的计算机网络与信息系统中的有关数据、信息等。

本条第2款是关于反洗钱行政主管部门进行监督检查时需要履行的审批程序及对检查人员的相关要求的规定。关于启动监督检查的审批层级，反洗钱行政主管部门进行监督检查时应当经国务院反洗钱行政主管部门或者其设区的市级以上派出机构负责人批准。关于实施监督检查的人员要求，反洗钱行政主管部门进行监督检查时检查人员不得少于2人，并应当出示执法证件和检查通知书。关于金融机构的拒绝检查权，如果检查人员少于2人或者未出示执法证件和检查通知书，金融机构有权拒绝接受检查。本款也是通过严格规范反洗钱行政主管部门进行监督检查的程序，维护金融机构的合法权益。

关联法规

《金融机构反洗钱和反恐怖融资监督管理办法》《金融机构客户尽职调查和客户身份资料及交易记录保存管理办法》《金融机构反洗钱规定》《人民币大额和可疑支付交易报告管理办法》《金融机构大额和可疑外汇资金交易报告管理办法》《关于完善反洗钱、反恐怖融资、反逃税监管体制机制的意见》

第二十三条　【洗钱风险评估】国务院反洗钱行政主管部门会同国家有关机关评估国家、行业面临的洗钱风险，发布洗钱风险指引，加强对履行反洗钱义务的机构指导，支持和鼓励反洗钱领域技术创新，及时监测与新领域、新业态相关的新型洗钱风险，根据洗钱风险状况优化资源配置，完善监督管理措施。

条文注释

本条是关于国务院反洗钱行政主管部门会同国家有关机关开展国家、行业洗钱风险评估的规定。

本条包含以下几个方面的内容：

第一，关于开展国家、行业洗钱风险评估的必要性。由于当前反洗钱履职监管理念已从"规则为本"过渡到"风险为本"，近年来新型洗钱风险频发以及为了更好地满足洗钱风险评估的有效性指标，有必要开展国家、行业洗钱风险评估。根据反洗钱国际标准，国家、行业的洗钱风险评估影响多项国际评估中的有效性指标。做好洗钱风险评估，可以实现在风险评估的基础上，运用"风险为本"的方法，确保防范或降低洗钱与恐怖融资风险的措施与识别出的风险相适应。

第二，中国人民银行及其分支机构开展国家、行业洗钱风险评估的情况。在我国，诈骗犯罪成为我国面临的主要洗钱威胁。随着我国打击洗钱犯罪的力度不断加大，洗钱定罪数量快速增长。反洗钱监管力度不断加强，金融行业和特定非金融行业反洗钱内控机制进一步完善，客户尽职调查、客户身份资料及交易记录保存、可疑交易监测和定向金融管制等反洗钱核心义务得到落实，对洗钱风险起到预防和遏制作用。

第三，关于我国面临的新型洗钱风险及监管方式。随着传统金融系统反洗钱预防体系的不断健全，洗钱风险逐步向新兴领域传递和蔓延，一些犯罪分子利用数字经济、平台经济等新业态洗钱，许多行业、领域，如拍卖、移民中介、网络直播平台、新型支付技术等都暴露出较高的洗钱风险。随着我国乃至全球虚拟货币的市场交易量、用户规模均呈现迅猛发展态势，虚拟货币更是凭借自身的去中心化、高匿名性、跨国交易频繁等特点，极易被犯罪分子用作新型的洗钱工具。

关联法规

《关于防范代币发行融资风险的公告》《关于进一步防范和处置虚拟货币交易炒作风险的通知》《关于整治虚拟货币"挖矿"活动的通知》

第二十四条 【洗钱高风险国家或者地区的应对措施】对存在严重洗钱风险的国家或者地区,国务院反洗钱行政主管部门可以在征求国家有关机关意见的基础上,经国务院批准,将其列为洗钱高风险国家或者地区,并采取相应措施。

条文注释

本条包括以下两个方面的内容:

第一,关于洗钱高风险国家或者地区的确定。洗钱高风险国家或者地区的确定,一方面,国务院反洗钱行政主管部门可以征求国家有关机关的意见,这里的有关机关可以是金融领域的行政主管机关,也可以是司法领域的国家机关,根据各领域的国家机关提供的意见综合研判;另一方面,洗钱高风险国家或者地区名单的确定,需要经过国务院的审批等程序,才能确定将其列为洗钱高风险国家或者地区。

第二,对洗钱高风险国家或者地区可以采取相应的措施。国务院反洗钱行政主管部门采取的措施,可以是从整体反洗钱角度出台的措施,如完善义务机构监管政策等措施,也可以是强化某一方面洗钱义务的措施,如强化尽职调查、强化监督检查,提出更高的外部审计要求等。履行反洗钱义务的机构可以采取的适当的风险管理措施包括:(1)针对来自高风险国家或地区的客户,采取强化客户身份识别措施。(2)针对来自高风险国家或地区的客户,采取强化交易监测措施。(3)当发现可疑情形时及时提交可疑交易报告,必要时拒绝提供金融服务乃至终止业务关系。(4)不得依托来自高风险国家或地区的第三方机构开展客户身份识别工作。(5)重新审查与高风险国家或地区的机构建立的代理行关系,必要时予以终止。(6)提高对本机构在高风险国家或地区设立的分支机构或附属机构的内部监督检查或审计的频率和强度。(7)在对客户进行洗钱风险评估、划分客户风险等级时,应将高风险国家或地区作为考量因素,纳入客户洗钱风险评估标准。(8)在对本机构开展洗钱风险评估、确定国家或地域风险因素时,应将金融行动特别工作组公布的高风险国家或地区作为考量因素,纳入洗钱风险评估指标体系和模型。

关联法规

《关于进一步加强反洗钱和反恐怖融资工作的通知》

第二十五条 【反洗钱行业自律】履行反洗钱义务的机构可以依法成立反洗钱自律组织。反洗钱自律组织与相关行业自律组织协同开展反洗钱领域的自律管理。

反洗钱自律组织接受国务院反洗钱行政主管部门的指导。

条文注释

本条是关于成立反洗钱自律组织以及自律管理业务接受国务院反洗钱行政主管部门指导的规定。

本条第1款是关于成立反洗钱自律组织的规定。本款包含以下两个方面的内容:第一,履行反洗钱义务的机构可以依法成立反洗钱自律组织。本条明确了反洗钱自律组织的法律地位,利用行业自律组织了解本行业情况,充分发挥行业自律组织在反洗钱工作中的作用,有效地补充和支持对履行反洗钱义务机构的反洗钱监管。反洗钱自律组织应当帮助金融机构以及特定非金融行业机构落实国家反洗钱与反恐怖融资措施。反洗钱自律组织可以通过持续完善反洗钱自律管理机制,出台反洗钱和反恐怖融资的具体实施办法或细则,并指导其会员单位不断完善反洗钱内控制度及组织架构体系,有效开展反洗钱工作,落实反洗钱义务。在各种领域内推广反洗钱的最佳实践经验、操作准则和业务规范。第二,反洗钱自律组织还可以与相关行业自律组织协同合作,开展自律管理工作。2016年,中国人民银行牵头成立了国家洗钱和恐怖融资风险评估工作组,成员包括反洗钱工作部际联席会议各成员单位的代表、行业自律组织代表(包括中国互联网金融协会、中华全国律师协会、中国注册会计师协会和中国公证协会),以及来自银行、证券、保险、非银行支付业的义务机构代表。反洗钱自律组织可以与上述相关行业自律组织协同合作,通过定期召开行业间反洗钱工作研讨会,提供各机构交流工作经验的平台,反映反洗钱自律组织实际运作中存在的问题,加强各方的经验沟通与合作交流,有效推进反洗钱工作。

本条第 2 款是关于相关协会自律管理业务接受国务院反洗钱行政主管部门指导的规定。本款规定的主要内容是国务院反洗钱行政主管部门应当对反洗钱自律组织进行业务指导。国务院反洗钱行政主管部门可以会同相关部门指导行业协会或自律组织制定本行业反洗钱和反恐怖融资工作指引,逐步规范本行业开展反洗钱工作,加强其反洗钱制度建设。这种组织架构使政府管理与民间自律、政策制定与实务操作、打击犯罪与防范风险有效地结合起来,形成对履行反洗钱义务机构的监管合力,并且分工协作、相互配合、相辅相成,提升反洗钱工作的有效性。

第二十六条 【反洗钱行业服务机构】提供反洗钱咨询、技术、专业能力评价等服务的机构及其工作人员,应当勤勉尽责、恪尽职守地提供服务;对于因提供服务获得的数据、信息,应当依法妥善处理,确保数据、信息安全。

国务院反洗钱行政主管部门应当加强对上述机构开展反洗钱有关服务工作的指导。

条文注释

本条是关于反洗钱服务机构应当勤勉尽责、恪尽职守地提供服务,依法妥善处理获取的相关数据、信息,确保数据、信息安全;以及国务院反洗钱行政主管部门应当加强对反洗钱服务机构工作指导的规定。

本条第 1 款是关于反洗钱服务机构应当勤勉尽责、恪尽职守地提供服务,对于获取的相关数据、信息依法妥善处理,确保数据、信息安全的规定,包含两个方面的内容:第一,提供反洗钱咨询、技术、专业能力评价等服务的机构及工作人员应当勤勉尽责、恪尽职守地提供服务。履行反洗钱义务的机构需要根据最新的反洗钱工作政策,完善反洗钱内部控制制度、升级反洗钱设备、掌握反洗钱新技术。本条对提供反洗钱咨询、技术、专业能力评价等服务的机构及其工作人员，提出应当勤勉尽责、恪尽职守地提供服务的要求。这里的服务机构包括专业技术公司、律师事务所、会计师事务所等。第二，对于提供服务的机构及其工作人员在提供服务过程中获得的数据、信息，应当依法妥善处理，保障数据、信息的安全。本法第7条第1款、第4款规定，对依法履行反洗钱职责或者义务获得的客户身份资料和交易信息、反洗钱调查信息等反洗钱信息，应当予以保密；非依法律规定，不得向任何单位和个人提供。国家有关机关使用反洗钱信息应当依法保护国家秘密、商业秘密和个人隐私、个人信息。本条进一步规定提供反洗钱服务的机构及其工作人员要严格遵守法律法规，依法妥善处理相关数据和信息，保护客户的隐私和数据安全，确保工作的合规性和可靠性。

本条第2款是关于国务院反洗钱行政主管部门应当加强对反洗钱服务机构工作指导的规定。反洗钱服务机构提供的内容可能会涉及金融机构以及特定非金融机构的制度建设、技术运用等方面，这就对反洗钱服务机构提出更高的要求。国务院反洗钱行政主管部门应当加强对反洗钱服务机构的工作指导，对其提供的反洗钱咨询、技术、专业能力评价等服务把关，确保服务机构提供的制度有效、技术合规、产品成熟，能够满足反洗钱业务发展需求；督促反洗钱行业服务机构勤勉尽责、恪尽职守地提供服务，确保数据、信息安全。

第三章　反洗钱义务

第二十七条　【金融机构内部控制制度】金融机构应当依照本法规定建立健全反洗钱内部控制制度，设立专门机构或者指定内设机构牵头负责反洗钱工作，根据经营规模和洗钱风险状况配备相应的人员，按照要求开展反洗钱培训和宣传。

> 金融机构应当定期评估洗钱风险状况并制定相应的风险管理制度和流程，根据需要建立相关信息系统。
> 金融机构应当通过内部审计或者社会审计等方式，监督反洗钱内部控制制度的有效实施。
> 金融机构的负责人对反洗钱内部控制制度的有效实施负责。

条文注释

本条是关于金融机构依法建立健全反洗钱内部控制制度的规定。

本条第1款是关于金融机构建立健全内部控制制度的规定，具体规定了以下四个方面的内容：(1)金融机构应当建立健全反洗钱内部控制制度。内部控制制度一般是指金融机构为实现经营和管理目标，有效规避和控制经营风险，通过制定和实施一系列的制度、程序和方法，对市场风险、法律风险、操作风险等风险进行事前防范、事中控制、事后监督的动态过程和机制。我国银行业监督管理法、证券法等法律明确要求金融机构应当加强风险管理和内部控制制度，国务院有关金融监督管理机构陆续发布了《金融机构反洗钱规定》《金融机构反洗钱和反恐怖融资监督管理办法》等一系列规范性文件。在进一步规范市场经济秩序和建立商业诚信的过程中，内部控制制度是否健全、业务处理流程是否规范也将逐步成为客户选择金融机构的重要考虑因素。(2)金融机构要设立专门机构或者指定内设机构牵头负责反洗钱工作。反洗钱专门机构是指金融机构为履行法律规定的反洗钱义务专门设立的、专职负责反洗钱工作的独立机构，通常由反洗钱合规官担任部门负责人。指定内设机构是指金融机构为履行法律规定的反洗钱义务，指定一个或若干个已有的内设部门负责客户尽职调查、大额和可疑交易报告、客户身份信息和交易记录保存等工作。实践中，许多金融机构指定法律合规部、财务会计部、资金结算部、审计部、安全保卫部等内设机构负责反洗钱工作。(3)金融机构根据经营规模和洗钱风险状况配备相应的人员。

金融机构应当根据经营规模和洗钱风险状况配备相应的反洗钱工作人员,以满足金融机构的反洗钱需要和履行金融机构承担的反洗钱义务。金融机构匹配的人员力量不足,容易导致反洗钱工作效果不佳,一方面不利于金融机构的形象,另一方面也可能给金融机构带来难以掌控的洗钱风险,严重的可能产生较大的金融风险。(4)金融机构按照要求开展反洗钱培训和宣传。金融机构反洗钱培训的对象主要是其员工,既包括临柜人员,也包括与反洗钱有关部门的人员,如法律合规部门、财务会计部门、资金结算部门、安全部门等,董事、监事、高级管理人员也应当参加反洗钱培训。金融机构可以结合自身的不同需求和情况确定反洗钱培训的具体形式和方式,包括定期培训和不定期培训、面授培训和网络培训等。反洗钱培训,一方面使金融机构各个层级的工作人员都树立风险意识,明确自身应当承担的责任;另一方面使直接负责反洗钱工作的员工了解反洗钱法律法规和规章具体规定和要求,掌握必要的识别客户身份、发现可疑交易的技能。金融机构反洗钱宣传的对象主要是其客户以及潜在客户。反洗钱宣传可以通过员工与客户直接接触、发放反洗钱宣传手册、在开户申请材料或合同中增加洗钱风险提示条款、设立咨询热线等方式进行。

本条第2款是关于金融机构定期评估洗钱风险状况并制定相应的风险管理制度和流程、根据需要建立相关信息系统的规定。金融机构应当建立全面覆盖各项业务的洗钱风险评估制度。定期开展洗钱风险评估,制定并完善客户洗钱风险评估管理办法和实施细则,细化明确客户洗钱风险评估标准、规范和要求,切实加强对员工的客户洗钱风险的操作性指导,并完善客户洗钱风险评估指标,提高客户风险评级的准确性。同时,反洗钱义务的有效履行离不开数据和信息系统的支撑。为此,金融机构要建立与反洗钱管理相适应的信息数据系统。

本条第3款是关于金融机构通过审计监督反洗钱内部控制制度的有效实施的规定。金融机构应当通过内部审计或者社会审计等方式,监督反洗钱内部控制制度的有效实施。金融机构应当高度重视反洗钱审计，审查反洗钱内部控制制度制定和执行情况，无论是采用内部审计的方式，还是社会审计的方式，都应当确保审计的独立性、专业性和权威性，审计的内容要符合新形势、新要求并对反洗钱工作全面覆盖，严格规范执行审计程序，有效运用反洗钱审计成果，发现和纠正反洗钱履职中存在的问题，防范反洗钱风险。

本条第4款是关于金融机构的负责人对反洗钱内部控制制度的有效实施负责的规定。根据本法第56条第2款的规定，国务院反洗钱行政主管部门或者其设区的市级以上派出机构依照本法第55条规定对金融机构进行处罚的，还可以根据情形对负有责任的董事、监事、高级管理人员或者其他直接责任人员，处20万元以上100万元以下罚款；情节严重的，可以根据情形在职责范围内实施或者建议有关金融管理部门实施取消其任职资格、禁止其从事有关金融行业工作等处罚。

第二十八条　【客户尽职调查制度】金融机构应当按照规定建立客户尽职调查制度。

金融机构不得为身份不明的客户提供服务或者与其进行交易，不得为客户开立匿名账户或者假名账户，不得为冒用他人身份的客户开立账户。

条文注释

本条是关于金融机构应当按照规定建立客户尽职调查制度的规定。

客户尽职调查制度是金融机构用于识别、评估和监测客户风险，以预防洗钱、恐怖融资等活动的一系列规则和流程，包括客户身份识别、受益所有人识别、交易目的调查、风险评估与分类体系等具体制度，也包括制度实施的保障措施，如技术支持与信息系统建设、外部合作与信息共享制度等。客户尽职调查制度的主要目标是确保金融机构对客户有足够的了解，使金融交易能够在合法合规的框架内进行，以维护金融体系的安全与稳定。本条第1款的规定是一个概括性的要求，明确建立客户尽职调查制度是金融机构反洗钱的基本义务之一。关于客户尽职调查制度的具体内容,本法第29条至第33条作了更为详细具体的规定。因此,对于客户尽职调查制度,应当结合本法的其他相关条文理解和执行。

本条第2款从金融机构不得开展相关行为的角度作出规定,与第1款金融机构应当按照规定建立客户尽职调查制度互为补充,完整地阐释了客户尽职调查制度的基本要求。从风险防控的角度来看,身份不明的客户资金来源、交易目的等都不清晰,可能隐藏着洗钱、资助恐怖活动等风险。金融机构为身份不明的客户提供服务,会导致非法资金通过金融机构渠道流动,被不法分子利用来进行洗钱、破坏经济、危害社会安全的活动,影响金融市场秩序稳定。

关联法规

《反电信网络诈骗法》第15条;《商业银行法》第35条;《保险法》第16条;《期货和衍生品法》第18条;《个人存款账户实名制规定》第7条

第二十九条 【客户尽职调查的情形和内容】 有下列情形之一的,金融机构应当开展客户尽职调查:

(一)与客户建立业务关系或者为客户提供规定金额以上的一次性金融服务;

(二)有合理理由怀疑客户及其交易涉嫌洗钱活动;

(三)对先前获得的客户身份资料的真实性、有效性、完整性存在疑问。

客户尽职调查包括识别并采取合理措施核实客户及其受益所有人身份,了解客户建立业务关系和交易的目的,涉及较高洗钱风险的,还应当了解相关资金来源和用途。

金融机构开展客户尽职调查,应当根据客户特征和交易活动的性质、风险状况进行,对于涉及较低洗钱风险的,金融机构应当根据情况简化客户尽职调查。

条文注释

本条第 1 款是关于金融机构应当开展客户尽职调查的情形的规定。主要包括以下三种情形：

(1)"与客户建立业务关系或者为客户提供规定金额以上的一次性金融服务"时，应当开展客户尽职调查。实践中，金融机构与客户的交易关系主要分为两类：一类是通过开立账户或签订合同建立较为稳定的金融业务关系，如开立银行结算账户等。另一类是客户直接要求金融机构为其提供金融服务，主要是指不通过账户发生的交易，如现金汇款、现钞兑换、票据兑付等。两类交易关系存在的洗钱风险不同。在第一类情形下，由于交易关系具有一定的持续性，客户可以通过金融机构完成多笔交易，通过账户发生的交易尽管可以在金融机构内保留完整的交易记录，但一般无须客户再次与金融机构直接接触。而在第二类情形下，不通过账户发生的交易则需要客户与金融机构直接接触，不应对所有的一次性金融服务都要求开展客户尽职调查，仅在交易超过一定金额的情况下才要求开展客户尽职调查。关于规定金额以上的一次性金融服务的范围，由于金融业务的多样性和复杂性，立法无法采取穷尽列举的方式，也没有对规定金额进行明确规定，可以通过相关规范性文件予以明确。由于规定金额的设定可能导致拆分交易以规避限额的现象，这里的"规定金额以上"既包括单笔交易超过规定金额，也包括存在关联的多笔交易在规定期限内累计超过规定金额。

(2)金融机构"有合理理由怀疑客户及其交易涉嫌洗钱活动"时，应当开展客户尽职调查。洗钱活动往往隐藏在看似正常的金融交易之中，当金融机构发现可疑迹象时，应当开展客户尽职调查以尽早识别洗钱风险。考虑到实践中的情况比较复杂，本法并未对"有合理理由"的情形采取列举规定的方式，而是授权金融机构自主决定开展客户尽职调查的情形。这里的"合理理由"通常包括：交易异常；账户使用异常；客户身份可疑，客户身份与从事的交易活动不匹配；交易对手可疑；规避监管要求，故意采取复杂交易结构、多层嵌套等方式来隐藏资金流向，试图绕过反洗钱监管措施等。

(3)金融机构"对先前获得的客户身份资料的真实性、有效性、完整性存在疑问"时,应当开展客户尽职调查。客户身份资料是金融机构评估客户风险的重要依据。自然人客户的客户身份资料通常包括姓名、性别、国籍、职业、住所地或者工作单位地址、联系方式、身份证件或者身份证明文件的种类、身份证件号码、身份证件有效期限等。法人客户身份资料通常包括客户的名称、住所、经营范围、组织机构代码,以及股权结构信息、法定代表人及授权人员信息、关联企业信息、经营及财务状况资料等。

本条第2款是关于金融机构开展客户尽职调查的内容的规定。主要包括以下内容:

(1)"识别并采取合理措施核实客户及其受益所有人身份,了解客户建立业务关系和交易的目的"。对于个人客户,金融机构应当要求其提供有效的身份证件,如身份证、护照等,并通过官方身份验证系统进行核实。对于企业客户,需要核实企业的营业执照、法定代表人身份证明等文件。本款中的"核实",包含核对、识别真实性的含义。本法第33条规定,金融机构进行客户尽职调查,可以通过反洗钱行政主管部门以及公安、市场监督管理、民政、税务、移民管理、电信管理等部门依法核实客户身份等有关信息。这意味着金融机构不仅需要对客户出示的身份证件或者其他身份证明文件进行简单的形式审核,还需要通过查询公安、工商行政管理等部门保存的客户身份信息,确认客户的真实身份。

(2)"涉及较高洗钱风险的,还应当了解相关资金来源和用途"。在涉及较高洗钱风险的情形下,要了解客户资金来源和用途可以帮助金融机构判断资金是否合法、评估交易的合理性。"较高洗钱风险"是指洗钱的可能性比较高,但并非所有的交易都一定是洗钱行为。具体判断时要注意:客户风险要素,国家或地区风险要素,产品、服务、交易或交付渠道风险要素。

本条第3款是关于金融机构开展客户尽职调查的要求,以及根据情况简化客户尽职调查措施的规定。包括两层意思:一是,"金融机构开展客户尽职调查,应当根据客户特征和交易活动的性质、风险状况进行"。客户尽职调查制度逐步呈现以风险为基础的发展趋势,即在与客户建立业务关系、提供规定金额以上的非经常性交易、法人客户业务、代理交易等情形下,规定金融机构应当开展客户尽职调查及其具体措施;对于高风险业务和客户,金融机构应实施更严格的客户尽职调查措施;对于低风险业务和客户,金融机构可以采取简化的客户尽职调查措施;授权金融机构根据风险管理和审慎经营的需要,自主决定客户尽职调查措施的实施范围和程度。以风险为基础的客户尽职调查制度考虑了商业实践的需要,也适当平衡了反洗钱成本和收益之间的关系,成为客户尽职调查的发展方向。二是,"对于涉及较低洗钱风险的,金融机构应当根据情况简化客户尽职调查"。若金融机构充分分析了风险,结合客户特征、业务关系或者交易目的和性质,经过风险评估且有理由判断某类客户、业务关系或者交易的洗钱和恐怖融资风险较低时,可以采取简化尽职调查措施。金融机构对客户进行洗钱风险评估是决定是否简化尽职调查的关键依据。当客户被判定为较低洗钱风险时,这意味着根据金融机构已掌握的信息,客户涉及洗钱的可能性较小。简化客户尽职调查并不意味着忽视尽职调查,而是在确保能够有效防控风险的前提下,适当减少一些调查步骤,同时提高工作效率。

第三十条 【持续的客户尽职调查与洗钱风险管理措施】在业务关系存续期间,金融机构应当持续关注并评估客户整体状况及交易情况,了解客户的洗钱风险。发现客户进行的交易与金融机构所掌握的客户身份、风险状况等不符的,应当进一步核实客户及其交易有关情况;对存在洗钱高风险情形的,必要时可以采取限制交易方式、金额或者频次,限制业务类型,拒绝办理业务,终止业务关系等洗钱风险管理措施。

金融机构采取洗钱风险管理措施,应当在其业务权限范围内按照有关管理规定的要求和程序进行,平衡好管理洗钱风险与优化金融服务的关系,不得采取与洗钱风险状况明显不相匹配的措施,保障与客户依法享有的医疗、社会保障、公用事业服务等相关的基本的、必需的金融服务。

条文注释

本条第1款是关于金融机构应当持续开展客户尽职调查,以及对存在洗钱高风险情形的,可以采取洗钱风险管理措施的规定。本款包含以下几个方面的内容:

(1)明确金融机构持续开展客户尽职调查的义务,强调"在业务关系存续期间,金融机构应当持续关注并评估客户整体状况及交易情况,了解客户的洗钱风险"。金融机构与客户建立业务关系后,对业务关系以及在这种业务关系的整个过程中进行的交易应当开展持续的尽职调查,以确保交易的进行符合金融机构对客户及其风险状况的认识。在业务关系持续过程中,客户的身份信息和洗钱风险情况可能发生变化。金融机构在开展持续的客户尽职调查过程中,需要对客户、业务和产品进行全面的洗钱风险评估,并采取相匹配的措施。针对不同风险类别的客户,采取差异化的反洗钱措施。对于高风险客户,加强尽职调查,要求提供更多的身份信息和资金来源证明;对于较低风险客户,应当简化部分反洗钱程序,以提高服务效率。洗钱风险不是一成不变的,金融机构要建立动态的风险监测机制。通过监测客户的交易行为、账户活动等信息,及时发现风险变化。根据风险监测结果,灵活调整反洗钱措施和金融服务策略,确保反洗钱措施与洗钱风险相匹配。

(2)金融机构"发现客户进行的交易与金融机构所掌握的客户身份、风险状况等不符的,应当进一步核实客户及其交易有关情况"。当客户进行的交易与金融机构所掌握的客户身份、风险状况等不符时,可能存在洗钱、恐怖融资等犯罪活动,还可能是金融诈骗、逃税等违法犯罪活动的征兆。对此,金融机构应当进一步核实客户及其交易有关情况,以排除洗钱等嫌疑。

(3)"对存在洗钱高风险情形的",金融机构"必要时可以采取限制交易方式、金额或者频次,限制业务类型,拒绝办理业务,终止业务关系等洗钱风险管理措施"。金融机构发现客户进行的交易与金融机构所掌握的客户身份、风险状况等不符的,经过进一步核实客户及其交易有关情况,对存在洗钱高风险情形的,必要时可以采取相应的洗钱风险管理措施。这里的"洗钱高风险情形"主要包括:客户身份信息异常或不明确,开展与身份不符的频繁大额现金交易,非面对面交易异常;与高风险地区或敏感行业客户交易;资金来源不明或可疑,资金流向异常,交易金额与交易频率异常;账户长期休眠后突然启用并进行大量交易;无真实贸易背景的交易等情形。限制交易方式,主要是指限制客户使用某些非面对面的交易方式,如限制网上银行、手机银行等电子渠道的部分功能,限制高风险客户通过电子渠道进行跨境汇款业务,要求其必须到柜台办理。限制交易金额,主要是指根据客户的风险状况设定交易金额上限。限制交易频次,是指限制客户在一定时间内的交易次数,如限制高风险个人客户每月的账户资金转出次数。限制业务类型,是指对于高风险客户,金融机构可以限制其办理某些高风险业务。拒绝办理业务,是指当客户的洗钱风险极高,且无法提供合理的解释或有效降低风险的措施时,金融机构有权拒绝为其办理业务。终止业务关系,是指当金融机构发现客户在业务存续期间持续存在高洗钱风险行为,且经过多次沟通和采取措施后仍无法有效降低风险时,可以终止与客户的业务关系。例如,客户在银行账户频繁出现可疑交易,且拒绝配合客户尽职调查措施或者提供虚假信息,银行可以依法终止与该客户的账户业务关系。

本条第2款是关于平衡好管理洗钱风险与优化金融服务的关系的规定。主要包括以下几个方面:

(1)金融机构采取洗钱风险管理措施,应当在其业务权限范围内按照有关管理规定的要求和程序进行。在反洗钱风险管理中,银行只能在既定的业务权限范围内采取措施。金融机构的业务权限是由其自身的业务许可范围、内部规章制度、与客户的合同约定以及相关法律法规所确定的。

(2)金融机构采取洗钱风险管理措施,需要平衡好管理洗钱风险与优化金融服务的关系,不得采取与洗钱风险状况明显不相匹配的措施。如果金融机构为了降低洗钱风险而过度限制金融服务,或者设置过于复杂的反洗钱程序,会给正常客户带来不便,也会降低金融服务效率。从宏观角度来看,金融机构是经济运行的重要枢纽,不相匹配的措施会对社会经济发展产生影响,抑制正常的金融交易活动,阻碍资金的有效配置。

(3)金融机构采取洗钱风险管理措施,应当保障与客户依法享有的医疗、社会保障、公用事业服务等相关的基本的、必需的金融服务。客户依法享有的医疗、社会保障、公用事业服务等,是公众的基本权益,与之相关的金融服务是保障这些权益顺利实现的基础。

关联法规

《关于加强开户管理及可疑交易报告后续控制措施的通知》

第三十一条 【识别代理人、识别并核实受益人】客户由他人代理办理业务的,金融机构应当按照规定核实代理关系,识别并核实代理人的身份。

金融机构与客户订立人身保险、信托等合同,合同的受益人不是客户本人的,金融机构应当识别并核实受益人的身份。

条文注释

本条第1款是关于客户由他人代理办理业务的,金融机构应当按照规定核实代理关系,识别并核实代理人的身份的规定。客户与金融机构之间的交易行为属于民事法律行为,在不涉及身份关系、法律特别规定,或者当事人存在约定的情形下,应当允许客户委托他人代为办理。在金融业务领域,代理关系非常普遍,客户由他人代理办理业务,既包括代理开立账户、签订合同,也包括代理进行现金汇款、现钞兑换、票据兑付以及其他业务。

本条第2款是关于金融机构与客户订立人身保险、信托等合同,合同的受益人不是客户本人的,金融机构应当识别并核实受益人的身份的规定。在金融业务中,特别是人身保险合同、信托合同类业务,当受益人不是客户本人时,存在相对较高的洗钱风险。因为在这种情况下，资金的最终流向是受益人，而不是直接参与合同订立的客户。不法分子可能会利用这种结构，通过虚构保险事故或操纵信托资产分配等方式，将资金转移给受益人，从而达到洗钱的目的。金融机构识别并核实受益人的身份后，可以对资金从投保人或委托人到受益人的流动过程进行有效监控。如果发现资金流动异常，如保险理赔金或信托收益的支付对象与核实后的受益人不一致，或者支付金额超出合理范围，金融机构就可以及时发现并采取措施，防止洗钱活动的发生。同时，这为监管部门的调查和执法工作提供了有力的支持，使监管部门能够更准确地追踪非法资金的流向。

关联法规

《保险法》第 18 条

> **第三十二条 【依托第三方开展客户尽职调查】**金融机构依托第三方开展客户尽职调查的，应当评估第三方的风险状况及其履行反洗钱义务的能力。第三方具有较高风险情形或者不具备履行反洗钱义务能力的，金融机构不得依托其开展客户尽职调查。
>
> 金融机构应当确保第三方已经采取符合本法要求的客户尽职调查措施。第三方未采取符合本法要求的客户尽职调查措施的，由该金融机构承担未履行客户尽职调查义务的法律责任。
>
> 第三方应当向金融机构提供必要的客户尽职调查信息，并配合金融机构持续开展客户尽职调查。

条文注释

本条第 1 款是关于金融机构依托第三方开展客户尽职调查时的有关规定。金融机构依托第三方开展客户尽职调查，应评估第三方的风险状况及履行反洗钱义务的能力，这是金融机构依托第三方开展客户尽职调查的基本要求。风险状况主要包括经营风险、财务风险等；履行反洗钱义务的能力，包括建立反洗钱内部控制制度、设置承担反洗钱工作职责的部门、配备相应人员等。经评估,具有较高风险或者不具备履行反洗钱义务能力的,例如,反洗钱内部控制制度存在较大漏洞,没有相应的反洗钱部门及人员配置,此前曾多次涉洗钱风险或拒不改正等情形,不得依托该第三方开展客户尽职调查。一般来说,通过第三方进行客户尽职调查的规定主要包括四个方面:(1)可以通过第三方履行客户尽职调查义务的机构类型及其承担的义务;(2)第三方的条件、类型以及第三方承担的义务;(3)如果第三方不属于本国,那么哪些国家的第三方可以承担该义务;(4)通过第三方履行客户尽职调查义务的机构。

本条第2款是关于金融机构应当确保第三方已经采取符合《反洗钱法》要求的客户尽职调查措施的规定。第三方未采取符合本法要求的客户尽职调查措施的,由该金融机构承担未履行客户尽职调查义务的法律责任。从目前实践情况来看,第三方主要是金融机构。第三方是金融机构的,应当根据本法第28条至第30条等进行客户尽职调查。金融机构有义务确保依托的第三方采取符合要求的客户尽职调查措施,应当承担客户尽职调查义务的最终责任。

本条第3款是关于第三方应当向金融机构提供必要的客户尽职调查信息,并配合金融机构持续开展客户尽职调查的规定。金融机构在依托第三方开展客户尽职调查时,第三方应当将客户尽职调查信息提供给金融机构,本条明确了第三方向金融机构提供必要的客户尽职调查信息的义务。这里提供的信息要与客户尽职调查相关,如果金融机构超出范围,要求提供非必要的、与客户尽职调查无关的信息,第三方可以不予提供。金融机构在委托第三方开展客户尽职调查后,第三方有义务配合金融机构在后续业务中持续开展客户尽职调查。第三方没有向金融机构提供必要的客户尽职调查信息,并配合金融机构持续开展客户尽职调查的,能否要求第三方承担法律责任的问题,要区分第三方的性质判断。第三方是金融机构的,可以根据本法第53条第1项"未按照规定开展客户尽职调查"进行处罚:由国务院反洗钱行政主管部门或者其设区的市级以上派出机构责令限期改正,可以给予警告或者处20万元以下罚款;情节严重或者逾期未改正的,处 20 万元以上 200 万元以下罚款。

> **第三十三条　【相关部门支持客户尽职调查】**金融机构进行客户尽职调查,可以通过反洗钱行政主管部门以及公安、市场监督管理、民政、税务、移民管理、电信管理等部门依法核实客户身份等有关信息,相关部门应当依法予以支持。
>
> 国务院反洗钱行政主管部门应当协调推动相关部门为金融机构开展客户尽职调查提供必要的便利。

条文注释

本条是关于金融机构进行客户尽职调查时有关部门应予以支持以及国务院反洗钱行政主管部门应当协调推动相关部门为金融机构开展客户尽职调查提供必要便利的规定。

客户尽职调查制度是金融机构反洗钱的基本义务之一。关于客户尽职调查制度的具体内容,本法第 29 条至第 33 条展开作了更为详细具体的规定。因此,对于客户尽职调查制度,应当结合本法的其他相关条文理解和执行。完整的客户尽职调查制度要求金融机构不仅要了解客户的真实身份,还要根据交易需要了解客户的职业或经营背景、履约能力、交易目的、交易性质以及资金来源等有关情况,因此,进行客户尽职调查时往往涉及多部门信息。

本条第 1 款规定金融机构在进行客户尽职调查时,涉及核实客户身份等有关信息的,可以向反洗钱行政主管部门以及公安、市场监督管理、民政、税务、移民管理、电信管理等部门核实。

本条第 2 款是关于国务院反洗钱行政主管部门应当协调推动相关部门为金融机构开展客户尽职调查提供必要便利的规定。考虑到反洗钱工作中,客户尽职调查涉及上述公安、市场监督管理、民政、税务、移民管理、电信管理等部门,为避免出现部门推诿、职责不清或者信息壁垒等情况,进一步加强联动,由国务院反洗钱行政主管部门协调,为金融机构向相关部门调取信息提供支持。

第三十四条 【客户身份资料和交易记录保存制度】金融机构应当按照规定建立客户身份资料和交易记录保存制度。

在业务关系存续期间,客户身份信息发生变更的,应当及时更新。

客户身份资料在业务关系结束后、客户交易信息在交易结束后,应当至少保存十年。

金融机构解散、被撤销或者被宣告破产时,应当将客户身份资料和客户交易信息移交国务院有关部门指定的机构。

<u>条文注释</u>

本条是关于金融机构建立并执行客户身份资料和交易记录保存制度的规定。

本条第1款是关于金融机构应当按照规定建立客户身份资料和交易记录保存制度的规定,具体包含以下几个方面的内容:第一,关于建立客户身份资料和交易记录保存制度,本法第6条作出原则性规定,即在中华人民共和国境内设立的金融机构和依照本法规定应当履行反洗钱义务的特定非金融机构,应当依法采取预防、监控措施,建立健全反洗钱内部控制制度,履行客户尽职调查、客户身份资料和交易记录保存、大额交易和可疑交易报告、反洗钱特别预防措施等反洗钱义务。第二,关于"客户身份资料",是指在与客户建立业务关系以及业务关系存续期间获取的客户本人及与客户相关的自然人或者非自然人的身份信息、资料以及记载身份信息、资料的载体。第三,关于"客户交易记录",是指记载交易双方与交易信息的电子数据、业务凭证、账簿和其他资料及其载体。在现代支付中,支付过程中的登录验证措施、支付验证措施以及交易的地址信息(如IP地址)、位置信息(如GPS信息)、设备信息等都有助于判断客户的身份,分析交易的性质,在非面对面完成的支付交易中,有不可替代的价值。

本条第2款是关于在业务关系存续期间,客户身份信息发生变更的,应当及时更新的规定。"及时"一般是指知道或者应当知道客户身份信息发生变更之日起的合理时间内。"更新"包括在业务系统中重新记载客户身份信息的最新内容,也包括保留更新前客户的身份信息,以及进行更新的依据。

本条第3款是关于客户身份资料在业务关系结束后、客户交易信息在交易结束后,应当至少保存10年的规定。我国现行有关法律制度对客户身份资料和交易信息的保存要求也是比较严格的。例如,《证券法》第137条第2款规定,证券公司应当妥善保存客户开户资料、委托记录、交易记录和与内部管理、业务经营有关的各项信息,任何人不得隐匿、伪造、篡改或者毁损。上述信息的保存期限不得少于20年。根据本法规定,客户身份资料在业务关系结束后、客户交易信息在交易结束后,应当至少保存10年。

本条第4款是关于金融机构解散、被撤销或者被宣告破产时,应当将客户身份资料和客户交易信息移交国务院有关部门指定的机构的规定。由于金融机构保存的客户身份资料和交易记录涉及客户隐私,客户身份资料和交易记录涉及客户的个人信息、财产信息等完整信息,一旦泄露易导致对客户隐私权的侵害,所以在金融机构解散、被撤销或者被宣告破产时,要将上述资料和信息移交指定机构。一般而言,客户身份资料和交易记录保密的范围是金融机构等在业务过程中获取的客户身份资料和交易记录的全部信息。但是,有些非自然人的身份信息依据有关规定需要公示,或者是任何人都有权查询的公开信息,属于公示项目且已经公示过的身份信息,如登记机关公示的信息、经客户本人同意向他人提供的信息等,与金融机构应当保密的要求并不冲突。

关联法规

《证券法》第137条;《金融机构反洗钱规定》第10条;《支付机构反洗钱和反恐怖融资管理办法》;《银行跨境业务反洗钱和反恐怖融资工作指引(试行)》;《金融机构客户尽职调查和客户身份资料及交易记录保存管理办法》第44、46条

第三十五条 【大额交易报告和可疑交易报告制度】金融机构应当按照规定执行大额交易报告制度,客户单笔交易或者在一定期限内的累计交易超过规定金额的,应当及时向反洗钱监测分析机构报告。

金融机构应当按照规定执行可疑交易报告制度,制定并不断优化监测标准,有效识别、分析可疑交易活动,及时向反洗钱监测分析机构提交可疑交易报告;提交可疑交易报告的情况应当保密。

条文注释

本条第1款是关于大额交易报告制度有关要求的规定。本款包含以下几个方面的内容:

第一,金融机构应执行大额交易报告制度。大额交易报告是指金融机构对规定金额以上的资金交易依法报告,包括大额现金交易报告和大额转账交易报告。对于大额交易的判断标准,《金融机构大额交易和可疑交易报告管理办法》第5条作出了详细规定。

第二,关于金融机构提交大额交易报告的有关要求。本款规定,客户单笔交易或者在一定期限内的累计交易超过规定金额的,应当及时向反洗钱监测分析机构报告。从实践情况来看,以下两个问题需要注意:一是报告范围。《金融机构大额交易和可疑交易报告管理办法》第6条规定,对同时符合两项以上大额交易标准的交易,金融机构应当分别提交大额交易报告。并非所有的大额交易都必须报告。第7条规定:"对符合下列条件之一的大额交易,如未发现交易或行为可疑的,金融机构可以不报:(一)定期存款到期后,不直接提取或者划转,而是本金或者本金加全部或者部分利息续存入在同一金融机构开立的同一户名下的另一账户。活期存款的本金或者本金加全部或者部分利息转为在同一金融机构开立的同一户名下的另一账户内的定期存款。定期存款的本金或者本金加全部或者部分利息转为在同一金融机构开立的同一户名下的另一账户内的活期存款。(二)自然人实盘外汇买卖交易过程中不同外币币种间的转换。(三)交易一方为各级党的机关、国家权力机关、行政机关、司法机关、军事机关、人民政协机关和人民解放军、武警部队,但不包含其下属的各类企事业单位。(四)金融机构同业拆借、在银行间债券市场进行的债券交易。(五)金融机构在黄金交易所进行的黄金交易。(六)金融机构内部调拨资金。(七)国际金融组织和外国政府贷款转贷业务项下的交易。(八)国际金融组织和外国政府贷款项下的债务掉期交易。(九)政策性银行、商业银行、农村合作银行、农村信用社、村镇银行办理的税收、错账冲正、利息支付。(十)中国人民银行确定的其他情形。"二是报告时限。第8条规定,金融机构应当在大额交易发生之日起5个工作日内以电子方式提交大额交易报告。

本条第2款是关于可疑交易报告制度的规定。本款包括以下几个方面的内容:

第一,金融机构应当按照规定执行可疑交易报告。可疑交易报告是指金融机构按照反洗钱行政主管部门规定的标准,或者怀疑、有理由怀疑某项资金属于犯罪活动的收益或与恐怖分子筹资有关,应按照要求立即报告。《金融机构大额交易和可疑交易报告管理办法》第11条规定,金融机构发现或者有合理理由怀疑客户、客户的资金或者其他资产、客户的交易或者试图进行的交易与洗钱、恐怖融资等犯罪活动相关的,无论所涉资金金额或者资产价值大小,应当提交可疑交易报告。此外,对于既属于大额交易又属于可疑交易的交易,金融机构应当分别提交大额交易报告和可疑交易报告。

第二,为有效识别、分析可疑交易,金融机构应当制定并优化监测标准。《金融机构大额交易和可疑交易报告管理办法》第12条规定:"金融机构应当制定本机构的交易监测标准,并对其有效性负责。交易监测标准包括并不限于客户的身份、行为,交易的资金来源、金额、频率、流向、性质等存在异常的情形,并应当参考以下因素:(一)中国人民银行及其分支机构发布的反洗钱、反恐怖融资规定及指引、风险提示、洗钱类型分析报告和风险评估报告。(二)公安机关、司法机关发布的犯罪形势分析、风险提示、犯罪类型报告和工作报告。(三)本机构的资产规模、地域分布、业务特点、客户群体、交易特征,洗钱和恐怖融资风险评估结论。(四)中国人民银行及其分支机构出具的反洗钱监管意见。(五)中国人民银行要求关注的其他因素。"金融机构应当根据反洗钱工作的形势和特点,制定并不断优化监测标准,满足反洗钱工作实际需要。第13条规定:"金融机构应当定期对交易监测标准进行评估,并根据评估结果完善交易监测标准。如发生突发情况或者应当关注的情况的,金融机构应当及时评估和完善交易监测标准。"目前,利用虚拟货币、平台经济、数字经济等新技术、新产品、新业务洗钱的问题日益突出,洗钱手段越发隐蔽,对于反洗钱工作提出更高的要求,特别是在监测分析方面要不断优化完善,与时俱进。

第三,可疑交易报告程序。本款规定,金融机构应当按照规定执行可疑交易报告制度,及时向反洗钱监测分析机构提交可疑交易报告。《金融机构大额交易和可疑交易报告管理办法》第15条规定:"金融机构应当在按本机构可疑交易报告内部操作规程确认为可疑交易后,及时以电子方式提交可疑交易报告。"第16条规定:"既属于大额交易又属于可疑交易的交易,金融机构应当分别提交大额交易报告和可疑交易报告。"

第四,反洗钱工作中要处理好大额交易和可疑交易报告与保护个人隐私、商业秘密的关系,本款规定,"提交可疑交易报告的情况应当保密"。金融机构和特定非金融机构提交的大额交易和可疑交易报告,其内容是客户的交易信息,涉及客户的隐私和商业秘密。我国《商业银行法》规定了"为存款人保密的原则",明确法律有相关规定的才能查询个人储蓄存款。《反洗钱法》关于大额交易和可疑交易报告的规定,是对商业银行的例外规定,主要是因为洗钱行为危害社会公共利益,反洗钱的目的就是预防洗钱犯罪活动、遏制洗钱等相关犯罪,在此种情况下,法律授权反洗钱义务主体履行相应的报告义务,可以消除反洗钱义务主体的顾虑,促使其按照法律要求履行反洗钱义务。但在反洗钱工作中尽可能地保护个人隐私和商业秘密是维护公民合法权益的要求。因此,本款规定提交可疑交易报告的情况应当保密。

关联法规

《金融机构大额交易和可疑交易报告管理办法》第 5 ~ 8、11、12、15、16 条

第三十六条　【新领域洗钱风险防范】金融机构应当在反洗钱行政主管部门的指导下,关注、评估运用新技术、新产品、新业务等带来的洗钱风险,根据情形采取相应措施,降低洗钱风险。

条文注释

本条是关于金融机构对新技术、新产品、新业务等带来的洗钱风险进行防范的规定。

本条包含以下几个方面的内容:

(1)金融机构对于运用新技术、新产品、新业务等带来的洗钱风险评估、判断及采取的措施,应当在反洗钱行政主管部门的指导下进行。本法第23条规定,国务院反洗钱行政主管部门会同国家有关机关开展国家、行业洗钱风险评估,发布洗钱风险指引,及时监测与新领域、新业态相关的新型洗钱风险,根据洗钱风险状况优化资源配置,完善监督管理措施。反洗钱行政主管部门应建立并完善相关指导规范,可以出台相关规范性文件。

(2)关于"关注、评估运用新技术、新产品、新业务等带来的洗钱风险"。新技术、新产品、新业务包括但不限于比特币及泰达币等虚拟货币、电子商务、平台经济、数字经济以及大数据、区块链、云计算等。实践中需要注意的是,在本条适用中要统筹发展和安全。新技术、新产品、新业务是新生事物,不能仅因新技术、新产品、新业务自身可能存在的风险就判断为洗钱风险,要及时关注、客观评估,综合考虑新生事物发展的特点和阶段。

(3)关于"采取相应措施,降低洗钱风险"。对新技术、新产品、

新业务采取的措施不等同于洗钱风险管理措施,而是洗钱防控措施。对于经评估,所运用的新技术、新产品、新业务存在洗钱风险的,金融机构对于自行研发的新技术、新产品、新业务在上线前和运行过程中要评估和关注洗钱风险,对于存在较大漏洞可能被广泛用于实施洗钱的,要及时暂停相关技术、产品、业务上线。金融机构在日常管理中,经评估发现其所运用的新技术、新产品、新业务存在洗钱风险的,也要及时采取措施,降低风险。对于利用新技术、新产品、新业务实施洗钱行为的,可以根据本法第30条的规定,采取相应洗钱风险管理措施。

关联法规

《国务院办公厅关于完善反洗钱、反恐怖融资、反逃税监管体制机制的意见》

第三十七条 【总部、集团层面反洗钱工作】在境内外设有分支机构或者控股其他金融机构的金融机构,以及金融控股公司,应当在总部或者集团层面统筹安排反洗钱工作。为履行反洗钱义务在公司内部、集团成员之间共享必要的反洗钱信息的,应当明确信息共享机制和程序。共享反洗钱信息,应当符合有关信息保护的法律规定,并确保相关信息不被用于反洗钱和反恐怖主义融资以外的用途。

条文注释

本条是关于在总部或者集团层面应当统筹安排反洗钱工作以及如何共享反洗钱信息的规定。

本条可以从以下几个方面进行理解:

第一,本条适用主体主要是两类:一是在境内外设有分支机构或者控股其他金融机构的金融机构;二是金融控股公司。对于第一类主体,其本身还是金融机构,但是由于在境内外设有分支机构(往往数量较多),或者控股了其他金融机构,形成了集团规模;同时,这类主体的集团总部与分支机构之间从属性强、业务关联度高,其具有资源调度、信息汇集沟通的天然优势。从总部或者集团层面统筹安排反洗钱工作、规范反洗钱信息共享机制，有利于金融机构本身及其分支机构、附属控股金融机构更好地履行本法规定的反洗钱义务，确保集团整体合规。对于第二类主体，即金融控股公司，是指依法设立，控股或实际控制两个或两个以上不同类型金融机构，自身仅开展股权投资管理、不直接从事商业性经营活动的有限责任公司或股份有限公司。在金融控股公司总部或者集团层面统筹安排反洗钱工作、明确反洗钱信息共享规则，有利于其控股的金融机构更有效地履行反洗钱义务。

第二，本条要求在总部或者集团层面统筹安排反洗钱工作。统筹安排反洗钱工作，应当围绕本法规定的反洗钱义务，包括建立健全反洗钱内部控制制度、建立客户尽职调查制度、采取适当的洗钱风险管理措施等。符合条件的金融机构或者金融控股公司，可以根据集团情况、金融业务类型、境内外法律政策、公司治理结构等，制定详略得当的集团反洗钱工作机制安排。实践中需要注意的是，在境外开设分支机构或者控股境外金融机构的金融机构以及金融控股集团，应当确保其境外分支机构和控股附属金融机构在驻在国或地区法律规定允许范围内最大限度地执行集团或总部层面的反洗钱工作安排，驻在国或地区有更严格要求的，可以遵守其规定。

第三，为履行反洗钱义务在公司内部、集团成员之间共享必要的反洗钱信息的，应当明确信息共享机制和程序。金融机构为履行反洗钱义务，一方面可以依据本法第33条通过反洗钱行政主管部门以及公安、市场监督管理、民政、税务、移民管理、电信管理等部门依法核实客户身份等有关信息；另一方面可以在金融机构与金融机构之间共享必要的反洗钱信息，以打破"信息孤岛"，更好地应对犯罪分子利用跨行业、跨市场、跨机构交易给洗钱监测带来的挑战。

第四，共享必要的反洗钱信息，还应当符合有关信息保护的法律规定，并确保相关信息不被用于反洗钱和反恐怖主义融资以外的用途。关于应当符合有关信息保护的法律规定，首先，共享必要的反洗钱信息应当遵循个人信息保护原则。我国公民的个人信息受法律保护,《民法典》《个人信息保护法》《消费者权益保护法》《网络安全法》等均有对个人信息保护的相关规定。根据上述法律,我国处理个人信息的基本原则是遵循合法、正当、必要和诚信原则,与处理目的直接相关,采取对个人权益影响最小的方式。其次,共享必要的反洗钱信息应当符合个人信息处理的具体规则。根据本法以及《个人信息保护法》的规定,对于金融机构为履行反洗钱义务而共享相关信息的,应当取得个人同意,且该同意应当由个人在充分知情的前提下自愿、明确作出。

关于确保相关信息不被用于反洗钱和反恐怖主义融资以外的用途。主要是本法第7条关于反洗钱信息的使用与保密规定在本条的进一步体现。与反洗钱行政主管部门和其他依法负有反洗钱监督管理职责的部门、司法机关等主体一样,金融机构在使用履行反洗钱义务时获得的客户身份资料和交易信息时,也应当限于反洗钱和反恐怖主义融资的目的或用途。这也是有关信息保护法律规定中关于处理个人信息应当遵循必要原则、与处理目的直接相关在本法中的进一步明确体现。

关联法规

《个人信息保护法》第13、14条;《金融控股公司监督管理试行办法》;《法人金融机构洗钱和恐怖融资风险管理指引(试行)》;《银行跨境业务反洗钱和反恐怖融资工作指引(试行)》

第三十八条 【配合客户尽职调查】与金融机构存在业务关系的单位和个人应当配合金融机构的客户尽职调查,提供真实有效的身份证件或者其他身份证明文件,准确、完整填报身份信息,如实提供与交易和资金相关的资料。

单位和个人拒不配合金融机构依照本法采取的合理的客户尽职调查措施的,金融机构按照规定的程序,可以采取限制或者拒绝办理业务、终止业务关系等洗钱风险管理措施,并根据情况提交可疑交易报告。

条文注释

本条是关于与金融机构存在业务关系的单位和个人应当配合客户尽职调查以及不配合的后果的规定。

本条第1款是关于与金融机构存在业务关系的单位和个人应当配合金融机构的客户尽职调查,提供真实有效的相关信息的规定。本款可以从以下三个方面加以理解:

第一,与金融机构存在业务关系的单位和个人既包括与金融机构建立业务关系、业务关系存续期间的单位和个人,也包括接受金融机构提供的规定金额以上一次性金融服务的单位和个人,还包括委托代理人办理业务的单位和个人。

第二,配合客户尽职调查,需要提供真实有效的身份证件或者其他身份证明文件,准确、完整填报身份信息,如实提供与交易和资金相关的资料。所谓"身份证件或者其他身份证明文件",主要是指居民身份证、临时居民身份证明、户口簿、军人身份证件、武装警察身份证件、港澳居民来往内地通行证、台湾居民来往大陆通行证等,以及非自然人的营业执照等证件。所谓"准确、完整填报身份信息",主要是指客户在填报相关身份信息时,应当遵循诚实信用原则,尤其是在金融合同订立过程中,应当准确、完整填报,对有关情况如实说明。所谓"与交易和资金相关的资料",主要是指能够证明资金的合法来源、去向以及使用情况的资料,比如证明资金来源的银行对账单或交易明细、收入证明、资产证明(如房产证)等,证明资金使用情况的发票收据或者转账记录等支出凭证、合同或协议、财务报告或账目等。

第三,本条与本法第28条属于关联条款。本法第28条第2款规定金融机构不得为身份不明的客户提供服务或者与其进行交易,不得为客户开立匿名账户或者假名账户,不得为冒用他人身份的客户开立账户。金融机构为客户提供包括开立账户、资金交易等金融服务,是基于金融机构与客户之间的服务合同关系。客户有权享受金融机构提供的金融服务,也有义务履行《民法典》及合同约定中有关诚实信用的相关规定,提供真实、有效的客户资料。本条对此作了进一步明确,也为金融机构履行反洗钱义务提供便利。

本条第2款是关于对拒不配合的单位和个人,金融机构按照规定的程序,可以采取一定的洗钱风险管理措施,并根据情况提交可疑交易报告的规定。本款可以从以下两个方面进行理解:

第一,适用主体是"拒不配合金融机构依照本法采取的合理的客户尽职调查措施的"单位和个人。"拒不配合"主要是指不提供真实有效的身份证件,不填报有关的身份信息,不提供或者提供虚假的交易和资金资料等。"拒不配合"的对象是金融机构依照本法采取的合理的客户尽职调查措施。根据本法第29条第2款和第3款的规定,"合理的"客户尽职调查措施应当是根据客户特征和交易活动的性质、风险状况等综合判断所涉洗钱风险,采取的有针对性的、适当的客户尽职调查措施。金融机构应当依照本法第30条的规定,平衡好管理洗钱风险与优化金融服务的关系,不得采取与洗钱风险状况明显不相匹配的措施,保障与客户依法享有的医疗、社会保障、公用事业服务等相关的基本的、必需的金融服务。

第二,"拒不配合"的法律后果有二:一是根据本法第28条、第29条的规定,客户拒不配合尽职调查的,金融机构按照规定的程序,可以采取限制或者拒绝办理业务、终止业务关系等洗钱风险管理措施。采取洗钱风险管理措施,应当同时符合本法第30条要求。二是金融机构可以根据情况提交可疑交易报告。根据《金融机构大额交易和可疑交易报告管理办法》第11条的规定,金融机构发现或者有合理理由怀疑客户、客户的资金或者其他资产、客户的交易或者试图进行的交易与洗钱、恐怖融资等犯罪活动相关的,无论所涉资金金额或者资产价值大小,应当提交可疑交易报告。根据该管理办法,金融机构通常通过本机构制定的交易监测标准对所有交易行为进行监测,并对筛选出的异常交易进行人工分析、识别、记录,不作为可疑交易报告的,应当记录分析排除的合理理由;确认为可疑交易的,应当在5个工作日内提交可疑交易报告。

对于提交可疑交易报告后,是否需要采取洗钱风险管理措施。根据《关于加强开户管理及可疑交易报告后续控制措施的通知》的规定,各金融机构和支付机构应当遵循"风险为本"和"审慎均衡"原则,对可疑交易报告所涉客户、账户(或资金)和金融业务及时采取适当的后续控制措施。包括但不限于:(1)对可疑交易报告所涉客户及交易开展持续监控,若可疑交易活动持续发生,则定期(如每3个月)或额外提交报告;(2)提升客户风险等级,并根据2013年中国人民银行《金融机构洗钱和恐怖融资风险评估及客户分类管理指引》及相关内控制度规定采取相应的控制措施;(3)经机构高层审批后采取措施限制客户或账户的交易方式、规模、频率等,特别是客户通过非柜面方式办理业务的金额、次数和业务类型;(4)经机构高层审批后拒绝提供金融服务乃至终止业务关系;(5)向相关金融监管部门报告;(6)向相关侦查机关报案。由此可见,提交可疑交易报告后,也并不必然要采取洗钱风险管理措施,而是应当基于风险情况具体判断。

关联法规

《金融机构大额交易和可疑交易报告管理办法》第11条;《关于加强开户管理及可疑交易报告后续控制措施的通知》

第三十九条 【洗钱风险管理措施的救济】 单位和个人对金融机构采取洗钱风险管理措施有异议的,可以向金融机构提出。金融机构应当在十五日内进行处理,并将结果答复当事人;涉及客户基本的、必需的金融服务的,应当及时处理并答复当事人。相关单位和个人逾期未收到答复,或者对处理结果不满意的,可以向反洗钱行政主管部门投诉。

前款规定的单位和个人对金融机构采取洗钱风险管理措施有异议的,也可以依法直接向人民法院提起诉讼。

条文注释

本条是关于单位和个人对金融机构采取洗钱风险管理措施有异议的,可以采取提出异议、对异议处理不满的投诉或者直接向法院起诉等救济手段的规定。

本条第1款是关于单位和个人对金融机构采取洗钱风险管理措施有异议的,向金融机构提出异议的处理程序的规定。本款包含以下两个方面的内容:

第一,单位和个人对洗钱风险管理措施有异议的,首先可以向金融机构寻求救济。具体而言,单位和个人可以向金融机构提出异议,金融机构应当在15日内进行处理,并将结果答复当事人;涉及客户基本的、必需的金融服务的,应当及时处理并答复当事人。可以通过电话、网上留言、App申请、柜台等线上线下多种方式提出异议;金融机构的"答复"也不限于书面,可以包括电话、电子邮件、短信通知以及客户服务系统中的录音回复;"十五日内"是指15个自然日;"涉及客户基本的、必需的金融服务的"与本法第30条第2款的相关规定含义相同,主要是指客户依法享有的医疗、社会保障、公用事业服务等相关的基本的、必需的金融服务,影响到这部分金融服务正常运行的,需要金融机构立即采取措施对洗钱风险管理措施进行重新审查,避免影响客户的基本生活需求。

第二,相关单位和个人逾期未收到金融机构答复,或者对处理结果不满意的,可以向反洗钱行政主管部门投诉。根据本款规定,向金融机构提出异议是向反洗钱行政主管部门进一步投诉的前置程序,只有当相关单位和个人逾期未收到答复,或者对处理结果不满意的,才可以进一步向反洗钱行政主管部门投诉。这项规定主要考虑到金融机构是相关规定的直接执行者,执行风险管控措施应有明确的法律依据,由其先行处理可以及时发现问题,如果采取措施确实不合理,也可及时通过内部程序进行反映和完善。

本条第2款是关于第1款规定的单位和个人对金融机构采取洗钱风险管理措施有异议的,也可以依法直接向人民法院提起诉讼的规定。本款赋予有关单位和个人可以直接采取的民事诉讼的方式寻求救济。金融机构采取洗钱风险管理措施侵犯相关单位和个人客户的合法权益的,应当依法承担民事责任。其中,提起民事诉讼的主体为被采取洗钱风险管理措施的单位和个人,受洗钱风险管理措施影响的交易对方可以依据民事诉讼法有关规定以法律上有利害关系的第三人身份参加诉讼;被起诉方为采取洗钱风险管理措施的金融机构,对后续投诉进行处理的反洗钱行政主管部门不是本条规定的诉讼主体。

关联法规

《金融机构大额交易和可疑交易报告管理办法》第23条;《金融消费者权益保护实施办法》第35条

第四十条 【反洗钱特别预防措施】任何单位和个人应当按照国家有关机关要求对下列名单所列对象采取反洗钱特别预防措施:

(一)国家反恐怖主义工作领导机构认定并由其办事机构公告的恐怖活动组织和人员名单;

(二)外交部发布的执行联合国安理会决议通知中涉及定向金融制裁的组织和人员名单;

(三)国务院反洗钱行政主管部门认定或者会同国家有关机关认定的,具有重大洗钱风险、不采取措施可能造成严重后果的组织和人员名单。

对前款第一项规定的名单有异议的,当事人可以依照《中华人民共和国反恐怖主义法》的规定申请复核。对前款第二项规定的名单有异议的,当事人可以按照有关程序提出从名单中除去的申请。对前款第三项规定的名单有异议的,当事人可以向作出认定的部门申请行政复议;对行政复议决定不服的,可以依法提起行政诉讼。

反洗钱特别预防措施包括立即停止向名单所列对象及其代理人、受其指使的组织和人员、其直接或者间接控制的组织提供金融等服务或者资金、资产,立即限制相关资金、资产转移等。

第一款规定的名单所列对象可以按照规定向国家有关机

关申请使用被限制的资金、资产用于单位和个人的基本开支及其他必需支付的费用。采取反洗钱特别预防措施应当保护善意第三人合法权益,善意第三人可以依法进行权利救济。

条文注释

本条第1款是关于采取反洗钱特别预防措施的主体和对象的规定。具体包括两个方面的内容:一是采取反洗钱特别预防措施的主体,是任何单位和个人,不限于金融机构和特定非金融机构。本款规定的"国家有关机关"是指本款规定的国家反恐怖主义工作领导机构及其办事机构、外交部、国务院反洗钱行政主管部门等机关。二是采取反洗钱特别预防措施的对象。

本款规定了三类应当采取反洗钱特别预防措施的对象:第一类是国家反恐怖主义工作领导机构认定并由其办事机构公告的恐怖活动组织和人员名单。被认定的恐怖活动组织和人员,都是已经或者正在从事恐怖活动的违法犯罪人员,他们的恐怖活动对国家安全、公共安全和公民、组织的人身、财产安全具有严重危害。根据《刑法》《反恐怖主义法》的有关规定,任何人不得为恐怖活动提供帮助。为恐怖活动组织和人员提供资金支持,本身就是恐怖活动的一种。第二类是外交部发布的执行联合国安理会决议通知中涉及定向金融制裁的组织和人员名单。联合国决议要求各国应当有法律授权,明确国内主管部门负责定向金融制裁的实施和执行,而且这一义务应当覆盖全部义务机构和其他单位和个人。我国作为联合国安理会常任理事国和负责任大国,执行联合国安理会决议是应当履行的国际义务。《对外关系法》第35条明确了由外交部发出通知并予公告。本款根据履行我国国际义务的要求,与《对外关系法》衔接,明确对相关组织和个人采取反洗钱特别预防措施。第三类是国务院反洗钱行政主管部门认定或者会同国家有关机关认定的,具有重大洗钱风险、不采取措施可能造成严重后果的组织和人员名单。此类名单由国务院反洗钱行政主管部门,或者国务院反洗钱行政主管部门会同国家有关机关认定。这里规定的"国家有关机关",既包括外交、商务等涉外领域的主管部门，也包括相关特定非金融机构的行业主管部门。

本条第2款是关于对采取反洗钱特别预防措施名单有异议的当事人的救济程序的规定。本款规定了三种不同的救济渠道：一是，对本条第1款第1项规定的名单有异议的，当事人可以依照《反恐怖主义法》的规定申请复核。《反恐怖主义法》第15条规定，被认定的恐怖活动组织和人员对认定不服的，可以通过国家反恐怖主义工作领导机构的办事机构申请复核。国家反恐怖主义工作领导机构应当及时进行复核，作出维持或者撤销认定的决定。复核决定为最终决定。国家反恐怖主义工作领导机构作出撤销认定的决定的，由国家反恐怖主义工作领导机构的办事机构予以公告；资金、资产已被冻结的，应当解除冻结。这一规定明确了被认定为恐怖活动组织和人员的救济渠道，本款属于衔接性规定。二是，对本条第1款第2项规定的名单有异议的，当事人可以按照有关程序提出从名单中除去的申请。本条第1款第2项规定的名单，来源于联合国安理会决议。本款规定的"有关程序"，就是指联合国安理会决议规定的除名程序。三是，对本条第1款第3项规定的名单有异议的，当事人可以向作出认定的部门申请行政复议；对行政复议决定不服的，可以依法提起行政诉讼。本条第1款第3项规定的国务院反洗钱行政主管部门认定或者会同国家有关机关，将有关组织和人员列入名单的行为，属于行政机关作出的对组织和个人的财产权利有重大影响的行政行为，根据《行政复议法》和《行政诉讼法》规定的精神，本款明确了相关组织和个人依照本法和行政复议法、行政诉讼法申请行政复议、提起行政诉讼的权利。

本条第3款是关于反洗钱特别预防措施内容的规定。根据本款规定，反洗钱特别预防措施的具体内容包括以下三个方面：一是立即停止向名单所列对象及其代理人、受其指使的组织和人员、其直接或者间接控制的组织提供金融等服务。二是立即停止向名单所列对象及其代理人、受其指使的组织和人员、其直接或者间接控制的组织提供资金、资产。三是立即限制相关资金、资产转移等。由于采取反洗钱特别预防措施的主体范围广泛,包括金融机构和特定非金融机构,也包括其他任何单位和个人。

本条第4款是关于对被采取反洗钱特别预防措施的对象和善意第三人合法权益保障的规定。本款体现了本法第4条规定的精神,包含两方面的内容。一是第1款规定的名单所列对象可以按照规定向国家有关机关申请使用被限制的资金、资产用于单位和个人的基本开支及其他必需支付的费用。根据这一规定,名单所列对象如果要使用被限制的资金、资产,在程序上要按照规定向国家有关机关申请并获得许可,在用途上只能用于单位和个人的基本开支及其他必需支付的费用。"基本开支"包括维持基本生活的费用等,"其他必需支付的费用"包括医疗、社会保障、需要支付的水费电费供热费等公用事业费用,员工的工资等,具体范围可以由国家有关机关确定。二是采取反洗钱特别预防措施应当保护善意第三人合法权益,善意第三人可以依法进行权利救济。这里规定的"善意第三人"主要是指被列入名单的组织和个人的善意交易对象,对他们合法的财产权益,应当予以保护。这里规定的"依法进行权利救济",包括向有关主管部门申诉,向法院提起诉讼等。

关联法规

《反恐怖主义法》第12、13、15条;《对外关系法》第35条;《行政复议法》第23条

第四十一条 【金融机构落实反洗钱特别预防措施的义务】金融机构应当识别、评估相关风险并制定相应的制度,及时获取本法第四十条第一款规定的名单,对客户及其交易对象进行核查,采取相应措施,并向反洗钱行政主管部门报告。

条文注释

本条是关于金融机构采取反洗钱特别预防措施相关义务的规定。

第一,识别、评估相关风险并制定相应的制度,主要是对本法第40条第1款名单所列对象及相关人员利用金融机构进行洗钱、恐怖

主义融资活动的风险进行识别,并制定相应的内部防范、处置制度。根据有关规范性文件,金融机构应当根据客户特性、地域、业务(含金融产品、金融服务)、行业(含职业)四类基本要素,结合实际情况,对洗钱风险进行评估,建立相应的内部反洗钱制度。

第二,及时获取本法第40条第1款规定的名单,包括国家反恐怖主义工作领导机构认定并由其办事机构公告的恐怖活动组织和人员名单;外交部发布的执行联合国安理会决议通知中涉及定向金融制裁的组织和人员名单;国务院反洗钱行政主管部门认定或者会同国家有关机关认定的,具有重大洗钱风险、不采取措施可能造成严重后果的组织和人员名单三类。相关名单更新、修改的,金融机构应当及时获取更新、修改后的名单。

第三,对客户及其交易对象进行核查,采取相应措施。在获取三类名单的基础上,根据名单进行实时监测和核查。核查的对象不仅包括客户,还包括其交易对象。发现客户及其交易对象是名单所列对象及相关人员时,应当立即按照本法第40条第3款的规定采取相应措施。包括立即停止向名单所列对象及其代理人、受其指使的组织和人员、其直接或者间接控制的组织提供金融等服务或者资金、资产,立即限制相关资金、资产转移等。

第四,及时向反洗钱行政主管部门报告。报告的内容包括发现客户或其交易对象属于名单所列对象的情况,已经采取相应措施的情况,名单所列对象企图进行的交易情况等。通过及时报告,可以使反洗钱行政主管部门及时掌握相关情况,采取相应调查、处置、移送等措施。

关联法规

《金融机构洗钱和恐怖融资风险评估及客户分类管理指引》《法人金融机构洗钱和恐怖融资风险管理指引(试行)》《银行业金融机构反洗钱和反恐怖融资管理办法》《金融机构反洗钱和反恐怖融资监督管理办法》

第三章 反洗钱义务 77

> **第四十二条 【特定非金融机构的反洗钱义务】**特定非金融机构在从事规定的特定业务时,参照本章关于金融机构履行反洗钱义务的相关规定,根据行业特点、经营规模、洗钱风险状况履行反洗钱义务。

条文注释

本条是关于特定非金融机构在从事规定的特定业务时履行反洗钱义务的规定。

本条具体包含以下几个方面的内容:

第一,特定非金融机构只有在从事规定的特定业务时才需要履行反洗钱义务。根据本法第64条的规定,房地产开发企业或者房地产中介机构在提供房屋销售、房屋买卖经纪服务时;会计师事务所、律师事务所、公证机构在接受委托为客户办理买卖不动产,代管资金、证券或者其他资产,代管银行账户、证券账户,为成立、运营企业筹措资金以及代理买卖经营性实体业务时;交易商在从事规定金额以上贵金属、宝石现货交易时,应当履行反洗钱义务。上述特定业务具备业务活动的金融性或准金融性、现金交易的密集性、商品价值的贵重性、服务类型的专业性等特征,相比其他非金融行业洗钱风险更高,因此本条规定有关主体在从事上述业务时应当履行反洗钱义务。

第二,特定非金融机构参照本法第三章关于金融机构履行反洗钱义务的相关规定履行反洗钱义务。根据本法第三章规定,金融机构在预防和控制洗钱方面的核心义务主要有:按照"了解你的客户"原则对客户进行尽职调查、客户身份资料和交易记录保存、报告大额和可疑交易等。尽管利用特定非金融机构洗钱和利用金融机构洗钱在洗钱的方法方面有所不同,但上述对于金融机构的防范措施同样适用于特定非金融机构,因其制度的核心功能是在了解客户的基础上识别可疑交易,以便将来在有权部门侦查、起诉洗钱犯罪时,提供线索和证据。因此,特定非金融机构应当依法采取预防、监控措施,建立健全反洗钱内部控制制度,履行客户尽职调查、客户身份资料和交易记录保存、大额交易和可疑交易报告、反洗钱特别预防措施等反洗钱义务。第三章还对金融机构履行相关反洗钱义务提出了具体要求。考虑到特定非金融机构与金融机构在防范洗钱方面的义务虽然有相同之处,但也存在较大的不同,因此,本条本着求同存异的原则,区分两者的法律义务,规定特定非金融机构参照本法关于金融机构履行反洗钱义务的相关规定履行反洗钱义务,而不是完全按照本法关于金融机构履行反洗钱义务的相关规定履行反洗钱义务。

第三,特定非金融机构履行的具体反洗钱义务应当与行业特点、经营规模、洗钱风险状况相适应。本法对特定非金融机构的反洗钱义务只是进行了原则性规定。按照本法第15条第1款的授权,国务院有关特定非金融机构主管部门或者国务院反洗钱行政主管部门会同国务院有关特定非金融机构主管部门可以根据反洗钱工作的实际需要,确定应履行反洗钱义务的特定非金融机构的具体义务,包括履行义务的程度、方式等,在反洗钱法确立的基本框架下履行反洗钱工作职责。

关联法规

《中国人民银行关于加强贵金属交易场所反洗钱和反恐怖融资工作的通知》《住房和城乡建设部、人民银行、银监会关于规范购房融资和加强反洗钱工作的通知》《财政部关于加强注册会计师行业监管有关事项的通知》

第四章 反洗钱调查

第四十三条 【反洗钱调查的条件和程序】国务院反洗钱行政主管部门或者其设区的市级以上派出机构发现涉嫌洗钱的可疑交易活动或者违反本法规定的其他行为,需要调查核实的,经国务院反洗钱行政主管部门或者其设区的市级以上派出机构负责人批准，可以向金融机构、特定非金融机构发出调查通知书，开展反洗钱调查。

反洗钱行政主管部门开展反洗钱调查，涉及特定非金融机构的，必要时可以请求有关特定非金融机构主管部门予以协助。

金融机构、特定非金融机构应当配合反洗钱调查，在规定时限内如实提供有关文件、资料。

开展反洗钱调查，调查人员不得少于二人，并应当出示执法证件和调查通知书；调查人员少于二人或者未出示执法证件和调查通知书的，金融机构、特定非金融机构有权拒绝接受调查。

条文注释

本条是对中国人民银行及其分支机构进行反洗钱调查的总体规定。

根据本条第1款的规定，反洗钱调查专指反洗钱行政主管部门向金融机构、特定非金融机构了解核实涉嫌洗钱交易活动或者违反反洗钱法规定的其他行为。反洗钱调查可以从以下四个方面理解：一是反洗钱调查主体是中国人民银行或者其设区的市级以上派出机构。二是客体是涉嫌洗钱的可疑交易活动或者违反本法规定的其他行为。三是调查对象（或称为被调查机构）为金融机构、特定非金融机构。四是调查的目的是收集资料，查证客户的可疑交易活动或者违反本法规定的其他行为是否属实、是否涉嫌洗钱犯罪。开展反洗钱调查需要经过两个程序：一是经国务院反洗钱行政主管部门或者其设区的市级以上派出机构负责人批准。进行反洗钱调查，可以采取询问金融机构、特定非金融机构有关人员，查阅、复制被调查对象的账户信息、交易记录和其他有关资料，封存可能被转移、隐匿、篡改或者毁损的文件、资料等措施。二是可以发出调查通知书。这里的发出调查通知书，并不是开展反洗钱调查的必经程序。开展反洗钱调查的,有时需要被调查对象提供账户信息、交易记录和其他有关资料,而发出调查通知书,可以明确调查事项和范围等,有利于更好开展调查工作。

本条第2款是关于有关特定非金融机构主管部门予以协助的规定。反洗钱监督管理职权的划分建立在各部门现有行业监管权的划分基础之上。由中国人民银行统一收集、分析和进行调查涉嫌洗钱的可疑交易活动或者违反本法规定的其他行为的报告是反洗钱调查职权的基础。

本条第3款是关于被调查机构配合反洗钱调查的义务的规定。对国务院反洗钱行政主管部门或者其设区的市级以上派出机构进行的调查,金融机构、特定非金融机构有配合的义务。这一义务有三个方面:一是配合调查。在反洗钱行政主管部门调查过程中,在合理的范围内提供必要的人员、技术和设备支持;按要求向调查人员说明情况,协助查阅、复制、封存有关文件、资料。二是如实提供信息。对反洗钱行政主管部门调查的可疑交易活动,如实提供相关的文件和资料,不得弄虚作假。三是不得拒绝或阻碍调查。不得以明示(拒绝)或默示(阻碍)的方式不履行配合调查的义务。

本条第4款是关于反洗钱调查的程序要求和被调查机构的权益保护措施的规定。在调查过程中,要严格依照法定程序开展调查,否则可能构成程序违法,影响调查的合法性。具体来说,应注意以下几个方面:一是调查人员不得少于2人。调查人员不得少于2人,是指在进行反洗钱调查时,实际到场进行调查的工作人员,至少应当为2人,或者在2人以上。规定调查人员不得少于2人,并不排除其他人员参与调查活动。由于金融工作专业性较强、操作流程复杂,调查人员为了更好地查明情况,也可以吸收金融机构的工作人员协助调查。二是出示执法证件和调查通知书。执法证件是指中国人民银行工作人员具有执法资质的证明。调查人员在实施反洗钱调查时,向被调查机构出示执法证件,就能表明调查人员是反洗钱行政主管部门工作人员,同时能使被调查机构明晰调查人员的身份。调查通知书是指反洗钱行政主管部门出具的、告知被调查机构对其进行调查

第四章　反洗钱调查

的书面文件。调查通知书应当载明调查的事由、对象、范围、时间等内容,具体格式由国务院反洗钱行政主管部门制定。

关联法规

《中国人民银行法》第4、13条

第四十四条　【反洗钱调查措施】国务院反洗钱行政主管部门或者其设区的市级以上派出机构开展反洗钱调查,可以采取下列措施:

(一)询问金融机构、特定非金融机构有关人员,要求其说明情况;

(二)查阅、复制被调查对象的账户信息、交易记录和其他有关资料;

(三)对可能被转移、隐匿、篡改或者毁损的文件、资料予以封存。

询问应当制作询问笔录。询问笔录应当交被询问人核对。记载有遗漏或者差错的,被询问人可以要求补充或者更正。被询问人确认笔录无误后,应当签名或者盖章;调查人员也应当在笔录上签名。

调查人员封存文件、资料,应当会同金融机构、特定非金融机构的工作人员查点清楚,当场开列清单一式二份,由调查人员和金融机构、特定非金融机构的工作人员签名或者盖章,一份交金融机构或者特定非金融机构,一份附卷备查。

条文注释

本条第1款规定反洗钱调查可以采取以下三项措施:

一是询问金融机构、特定非金融机构有关人员,要求其说明情况。在反洗钱调查活动中,调查人员可以金融机构、特定非金融机构在具体业务中的操作情况,以发现和分析洗钱的线索和证据。在反洗钱调查中,调查人员有权就与涉嫌洗钱的可疑交易活动或者其他违反本法规定的行为有关的问题,依法直接向金融机构、特定非金融机构的工作人员了解情况。因此,直接向金融机构、特定非金融机构的工作人员询问与可疑交易活动有关的情况,是确认可疑交易活动是否属实、是否涉嫌洗钱犯罪的重要手段。

二是查阅、复制被调查对象的账户信息、交易记录和其他有关资料。查阅是指在反洗钱调查活动中,调取被调查对象的账户信息、交易记录和其他有关资料进行查看的调查措施。复制是指在反洗钱调查活动中,对被调取的账户信息、交易记录和其他有关资料进行复印、照相或电子拷贝等的调查措施。账户信息是指被调查对象在金融机构、特定非金融机构开立、变更或注销账户时提供的信息。交易记录是指被调查对象在金融机构、特定非金融机构进行各种交易的过程中留下的记录信息和相关凭证,如可疑交易的原始交易单证及会计传票、资金交易明细清单等。其他有关资料是一项兜底规定,原则上有关资料均可以被调查人员查阅和复制。从资料载体上看,既包括纸质的,也包括电子形式的。

三是对可能被转移、隐匿、篡改或者毁损的文件、资料予以封存。封存是指在反洗钱调查活动中,对可能被转移、隐匿、篡改或者毁损的文件、资料采取的登记保存措施。转移是指将被调查的文件、资料移往别处;隐匿是指将被调查的文件、资料藏起来,不被人发现;篡改是指用作伪的手段改动被调查的文件、资料的原文或歪曲原意;毁损是指损坏被调查的文件、资料的完整性。转移、隐匿、篡改或者毁损,最终都可能使被调查的文件、资料灭失或以后难以取得,从而导致无法追究洗钱犯罪分子的刑事责任,因而才有必要进行封存,以保全证据。

本条第 2 款规定了反洗钱询问笔录的制作要求。询问笔录是在询问过程中制作的,用以记载询问中提出的问题和回答,以及询问过程中所发生的事项的重要文书,是判定可疑交易活动是否属实、是否涉嫌洗钱犯罪的重要依据。询问笔录应对询问与回答的内容如实记录。为保证这一点,在询问笔录制作的最后,必须进行双方的核对和确认程序,具体要求如下:一是询问笔录应当交被询问人核对。目的在于保证询问笔录切实表达被询问人的原意。具体而言,应将询问笔录交给被询问人阅读，或者向被询问人宣读，由被询问人核实是否客观、准确记载了对他的提问和他的回答。二是询问笔录记载有遗漏或者差错的，被询问人可以要求补充或者更正。所谓有遗漏，是指应当记录而没有记录的情况；所谓有差错，是指没有正确记录问题及回答的情况。三是被询问人确认笔录无误后，应当签名或者盖章，调查人员也应当在笔录上签名。双方签名、盖章是对询问笔录的最终确认程序，表示询问人和调查人员双方对询问笔录中记载的事项均确认无误，并承担保证真实性之责。这样既表明了调查人员、被询问人对记录内容负责的态度，也可以防止调查人员篡改、伪造询问笔录。

　　本条第3款规定了封存的程序。封存的对象仅限于可能被转移、隐匿、篡改或者毁损的文件、资料。这里的文件、资料，结合对查阅、复制的对象的理解，也包括账户信息、交易记录和其他有关资料。为防止调查人员在封存过程中出现不当，封存主要包括以下几个步骤：一是会同在场的金融机构、特定非金融机构工作人员查点清楚。对准备封存的文件、资料逐一进行清点，包括名称、种类、规格、数量（卷数、页数）等。二是当场开列清单一式两份。开列清单，对经过查点的文件、资料逐一进行登记，一般在清单中应写明封存文件、资料的名称、规格、数量，以及封存的时间等。清单要一式两份。清单必须当场开列，不得涂改。对于必须更正的内容，须有双方共同签名或者盖章，或者重新开列清单。三是调查人员和在场的金融机构、特定非金融机构工作人员签名或者盖章。封存文件、资料清单必须经过调查人员和在场的金融机构、特定非金融机构工作人员签名或者盖章，方能确认其效力。四是封存清单的交付，即一份交金融机构或者特定非金融机构，另一份附卷备查。封存清单一式两份，调查人员和金融机构或者特定非金融机构各执一份封存清单，调查人员所执清单用于附卷备查。需要注意的是，本法既没有规定封存的期限，也没有规定封存在什么情形下可以解除。这事实上赋予了反洗钱行政主管部门一定的自由裁量权。

第四十五条 【线索移送、临时冻结】经调查仍不能排除洗钱嫌疑或者发现其他违法犯罪线索的,应当及时向有管辖权的机关移送。接受移送的机关应当按照有关规定反馈处理结果。

客户转移调查所涉及的账户资金的,国务院反洗钱行政主管部门认为必要时,经其负责人批准,可以采取临时冻结措施。

接受移送的机关接到线索后,对已依照前款规定临时冻结的资金,应当及时决定是否继续冻结。接受移送的机关认为需要继续冻结的,依照相关法律规定采取冻结措施;认为不需要继续冻结的,应当立即通知国务院反洗钱行政主管部门,国务院反洗钱行政主管部门应当立即通知金融机构解除冻结。

临时冻结不得超过四十八小时。金融机构在按照国务院反洗钱行政主管部门的要求采取临时冻结措施后四十八小时内,未接到国家有关机关继续冻结通知的,应当立即解除冻结。

条文注释

本条第1款是关于国务院反洗钱行政主管部门或者其设区的市级以上派出机构的移送义务的规定。移送案件是反洗钱调查终结的方式之一,也是行政领域的反洗钱调查向刑事领域的洗钱案件查处进行过渡的法定程序。根据《行政执法机关移送涉嫌犯罪案件的规定》第3条第1款以及本款的规定,案件移送必须符合以下三个条件:一是涉嫌洗钱的可疑交易活动或者违反本法规定的其他行为已经过反洗钱调查。二是不能排除洗钱嫌疑或者发现其他违法犯罪线索的。三是按照要求提供相关材料,包括涉嫌犯罪案件移送书、涉嫌犯罪案件情况的调查报告、涉案物品清单、有关检验报告或者鉴定意见、其他有关涉嫌犯罪的材料。

本条第2款是关于临时冻结措施的规定。反洗钱调查中的临时冻结措施,是指在调查可疑交易活动或者其他违法行为过程中,当客户要求转移调查所涉及的账户资金时,国务院反洗钱行政主管部门依法暂时禁止客户转移该账户资金的强制措施。为防止洗钱犯罪分子在有管辖权的机关立案之前转移非法资金,《反洗钱法》专门赋予国务院反洗钱行政主管部门临时冻结权,从而保证此后一系列诉讼程序的顺利进行。根据本款以及《金融机构协助查询、冻结、扣划工作管理规定》的要求,中国人民银行采取临时冻结措施,应经过以下程序:(1)报请批准。调查人员采取临时冻结措施,必须报请国务院反洗钱行政主管部门负责人批准。(2)书面通知。经国务院反洗钱行政主管部门负责人批准采取临时冻结措施的,应书面通知可疑资金持有人的开户银行或者其他金融机构冻结可疑资金。

本条第3款是关于临时冻结后续措施的规定。依照本款规定,接受移送的机关接到线索后,对已依照规定临时冻结的资金,应当及时决定是否继续冻结,采取临时冻结措施后可能会发生两种情况:一是接受移送的机关认为需要继续冻结的,依法采取冻结措施;二是接受移送的机关认为不需要冻结的,应当立即通知中国人民银行,中国人民银行应当立即通知金融机构解除冻结。

本条第4款是关于临时冻结的期限和解除的规定。本款规定了两个方面的内容:一是临时冻结的期限。临时冻结措施不得超过48小时,这样规定是基于对采取临时冻结措施的慎重态度。国家有关机关认为需要继续冻结的,应当依法采取冻结措施。这时,临时冻结措施转换为刑事冻结措施。刑事诉讼法上的冻结主要是指冻结与案件有关的资金账户。一旦冻结,更不得转移。二是临时冻结的解除。根据本款规定,金融机构在按照国务院反洗钱行政主管部门的要求采取临时冻结措施后48小时内,未接到国家有关机关继续冻结通知的,应当立即解除冻结。这样规定能够避免无期限地冻结被调查人员的账户资金。

关联法规

《刑法》第191、312、349条;《行政执法机关移送涉嫌犯罪案件的规定》第3、6条;《金融机构协助查询、冻结、扣划工作管理规定》

第五章 反洗钱国际合作

第四十六条 【国际合作原则】中华人民共和国根据缔结或者参加的国际条约,或者按照平等互惠原则,开展反洗钱国际合作。

条文注释

本条是关于我国开展反洗钱国际合作的基本依据和原则的规定。

本条规定我国开展反洗钱国际合作的基本依据是我国缔结或者参加的国际条约,包括我国签署、批准的联合国公约,以及区域性公约或者我国与其他国际组织、国家缔结的双边或者多边条约、协定等。我国缔结或者参加的国际条约有规定的,根据该条约规定的途径和方式开展反洗钱国际合作;国际条约无相应规定的,则按照平等互惠的基本原则,开展反洗钱国际合作。

平等互惠原则是我国对外交往遵循的基本原则,也是国际法基本原则,是由国家主权原则引申出来的,也称对等原则或互惠原则。它具体包括两个方面的内容:一是法律上的互惠。双方根据相互签订或者缔结的国际条约,相互给予对方同等的待遇。二是无条约情况下的互惠。在没有条约义务的情况下,国家间在进行协助的过程中,请求方向被请求方郑重作出承诺,表明将来在相同情况下为对方提供类似的司法协助行为。总体上,涉及反洗钱领域国际合作的内容,包括我国签署、批准的联合国公约,以及区域性公约或者我国与其他国际组织、国家缔结的双边或者多边条约、协定等,通过《反洗钱法》的相关规定设置了国内法转化适用的衔接规则。只要不是我国声明保留的条款,都可以根据国际条约规定的途径和方式开展反洗钱国际合作。在无国际条约、协定的情况下,则按照平等互惠的基本原则办理。

关联法规

《对外关系法》第 39 条

第四十七条 【各部门国际合作权限】国务院反洗钱行政主管部门根据国务院授权,负责组织、协调反洗钱国际合作,代表中国政府参与有关国际组织活动,依法与境外相关机构开展反洗钱合作,交换反洗钱信息。

国家有关机关依法在职责范围内开展反洗钱国际合作。

条文注释

本条第 1 款是关于国务院反洗钱行政主管部门代表中国政府开展反洗钱国际合作的规定。在反洗钱工作中,各类国际性质的组织在推动反洗钱工作中发挥着举足轻重的作用。这些组织有的具有全球性,直接依托联合国合作框架开展工作,或者专门从事反洗钱工作,有的在区域框架下开展反洗钱工作。这些组织在不同层面上推动反洗钱国际合作。本款中的"境外相关机构"还可以是不限于专职从事反洗钱工作的其他机构,比如国际货币基金组织、世界银行、联合国毒品和犯罪问题办公室等,以及其他国家的金融管理机构等。

本条第 2 款是关于国家有关机关依法在职责范围内开展反洗钱国际合作的规定。国家参与反洗钱国际合作机制主要包括三种形式:一是国家政府当局自身作为主体参与国际合作;二是国家机构代表国家开展对外合作;三是国家有权机构之间开展的专业领域合作。就分工而言,代表我国从事反洗钱国际合作的部门主要是中国人民银行反洗钱局,以及国家监察委员会、最高人民法院、最高人民检察院和国务院有关部门。上述部门在职责范围内开展反洗钱国际合作。

关联法规

《监察法》第 57、58 条

第四十八条 【国际司法协助】涉及追究洗钱犯罪的司法协助,依照《中华人民共和国国际刑事司法协助法》以及有关法律的规定办理。

条文注释

本条是关于涉及洗钱、相关上游犯罪以及恐怖融资相关的司法协助如何处理的规定。

本条包含以下几个方面的内容:

第一,关于追究洗钱犯罪司法协助的主要内容。司法协助是国家间司法合作的形式之一,它特指各国在司法程序中相互提供协助的行为。本条所指的涉及追究洗钱犯罪的司法协助为广义的司法协助。《国际刑事司法协助法》第2条规定的国际刑事司法协助,是指中华人民共和国和外国在刑事案件调查、侦查、起诉、审判和执行等活动中相互提供协助,包括送达文书,调查取证,安排证人作证或者协助调查,查封、扣押、冻结涉案财物,没收、返还违法所得及其他涉案财物,移管被判刑人以及其他协助。

第二,关于开展反洗钱国际刑事司法协助的有关机关。本法对开展反洗钱国际刑事司法协助的机关未作规定,实践中应当依照《国际刑事司法协助法》等有关法律规定的负责联系和办理的机关实施。

第三,关于追究洗钱犯罪司法协助的法律依据。本条规定依照《国际刑事司法协助法》以及有关法律的规定办理。《国际刑事司法协助法》是开展反洗钱刑事司法协助的主要依据,按照国际刑事司法协助法的规定,国际刑事司法协助中的送达文书,调查取证,安排证人作证或者协助调查,查封、扣押、冻结涉案财物,没收、返还违法所得及其他涉案财物,移管被判刑人等协助事项的办理有了具体依据。《引渡法》也是反洗钱刑事司法协助的重要依据。此外,《刑事诉讼法》中有关于刑事司法协助的具体规定,同样是反洗钱刑事司法协助的重要依据。如《刑事诉讼法》第18条规定,根据中华人民共和国缔结或者参加的国际条约,或者按照互惠原则,我国司法机关和外国司法机关可以相互请求刑事司法协助。因此,本条对追究洗钱犯罪司法协助的规定为衔接性条款,涉及的具体司法协助应依照上述有关法律具体开展。

关联法规

《国际刑事司法协助法》第2、5、6条;《监察法》第57、58条;《刑事诉讼法》第18条

第四十九条 【境外金融机构配合调查】国家有关机关在依法调查洗钱和恐怖主义融资活动过程中,按照对等原则或者经与有关国家协商一致,可以要求在境内开立代理行账户或者与我国存在其他密切金融联系的境外金融机构予以配合。

条文注释

本条是关于境外金融机构配合国家有关机关开展反洗钱调查的规定。

本条规定包含以下几个方面的内容:

第一,本条规定的要求境外金融机构配合的执法主体是国家有关机关,包括本法规定的反洗钱行政主管部门,以及侦查、调查洗钱犯罪和相关犯罪的公安机关、检察机关、监察机关等国家机关。本条规定的"调查",既可以是本法规定的反洗钱行政调查,也可以是对洗钱、恐怖主义融资等犯罪活动,依照《刑事诉讼法》开展的刑事侦查,或者依照《监察法》开展的监察调查。

第二,本条规定的要求境外金融机构配合的工作原则是"按照对等原则或者经与有关国家协商一致"。具体包含两种情形:一是与外国对我国采取的措施对等,即外国有关机关要求我国的金融机构配合其调查,我国对等采取相应措施。二是与外国协商一致。这一规定体现了维护我国国家主权和利益,同时尊重国际法原则的精神。

第三,本条规定的可以要求境外金融机构配合调查的对象分为两类:一类是在我国境内开立代理行账户的境外金融机构。开立代理行账户,是境外金融机构与我国境内金融机构订立协议,由境内

金融机构代理境外金融机构开展有关业务。在我国境内开立代理行账户的境外金融机构,实质参与了我国境内的金融业务。另一类是与我国存在其他密切金融联系的境外金融机构。这里规定的"密切金融联系",是指其业务活动与我国组织或者个人有密切联系,对我国金融市场有重大影响等情形。

根据本条规定,有关境外金融机构有义务对我国有关机关的反洗钱和反恐怖主义融资调查活动予以配合。具体配合的形式和内容,应当根据我国有关法律和规定、实际情况和调查案件的需要确定。

第五十条 【境外执法要求的处理】外国国家、组织违反对等、协商一致原则直接要求境内金融机构提交客户身份资料、交易信息,扣押、冻结、划转境内资金、资产,或者作出其他行动的,金融机构不得擅自执行,并应当及时向国务院有关金融管理部门报告。

除前款规定外,外国国家、组织基于合规监管的需要,要求境内金融机构提供概要性合规信息、经营信息等信息的,境内金融机构向国务院有关金融管理部门和国家有关机关报告后可以提供或者予以配合。

前两款规定的资料、信息涉及重要数据和个人信息的,还应当符合国家数据安全管理、个人信息保护有关规定。

条文注释

本条第1款是关于境内金融机构对外国不当执法行为的阻却义务,具体包括不得擅自执行和向有关部门报告两方面。"违反对等、协商一致原则"是指既未与我国作出对等安排,又未征得我国同意。涉及的不当执法要求包括提交信息,扣押、冻结、划转财产,作出其他行动三种。"作出其他行动"包括配合外国执法、司法机关采取的任何损害我国合法权益的行动。在这种情况下,本款规定了境内金融机构的相应义务:一是不得未经批准擅自执行外国的要求,以避免损害后果的发生。二是应当及时向国务院有关金融管理部门报告，以便有关部门采取对应反制措施。"国务院有关金融管理部门"包括国务院反洗钱行政主管部门、国务院金融监督管理机构、国务院证券监督管理机构和国务院外汇管理部门。

本条第2款是关于金融机构对外国合理的提供信息要求，经向有关部门报告后可以予以配合的规定。这里规定的"概要性合规信息、经营信息"，是指反映金融机构整体经营、合规工作情况的概述性信息，一般涉及金融机构的基本信息（如名称、注册资本、营业场所、经营范围及公司结构等）、整体经营情况（如整体业务规模、主营业务和产品等）、整体风险管理状况（如合规工作开展情况、风险管理组织体系概况、风险管理总体策略及执行情况等）。实践中，金融机构也在按照有关规定披露有关经营、合规信息，与上述信息较为类似。上述信息属于总体性、概要性信息，并不包括金融机构掌握的具体客户或交易的信息，也不包括金融机构在履行反洗钱义务时产生的可疑交易报告、客户洗钱风险状况等具体信息。"国家有关机关"是指国务院有关金融管理部门以外的、对有关信息对外提供负有监管职责的机关，应根据有关具体或配套规定确定，如网络信息管理部门等。

本条第3款是关于重要数据和个人信息对外提供的衔接性规定。对重要数据的对外提供，《数据安全法》第31条、第36条等作了规定。对个人信息的对外提供，《个人信息保护法》第41条等作了规定。本款是与这些法律规定相衔接的规定。本条前两款规定的资料、信息涉及重要数据和个人信息的，除遵守本法规定外，还应当符合国家数据安全管理、个人信息保护方面的有关法律等规定。

关联法规

《数据安全法》第31、36条；《个人信息保护法》第41条

第六章 法律责任

> **第五十一条　【监管部门工作人员违法责任】** 反洗钱行政主管部门和其他依法负有反洗钱监督管理职责的部门从事反洗钱工作的人员有下列行为之一的,依法给予处分:
> （一）违反规定进行检查、调查或者采取临时冻结措施;
> （二）泄露因反洗钱知悉的国家秘密、商业秘密或者个人隐私、个人信息;
> （三）违反规定对有关机构和人员实施行政处罚;
> （四）其他不依法履行职责的行为。
> 其他国家机关工作人员有前款第二项行为的,依法给予处分。

条文注释

本条是关于反洗钱行政主管部门和其他依法负有反洗钱监督管理职责的部门从事反洗钱工作的人员及其他国家机关工作人员违反反洗钱工作相关要求、承担相应法律责任的规定。

本条第1款旨在规范行政机关监督管理行为,防止其滥用行政权力,同时保护相对人的合法权益,促使反洗钱监督管理工作健康有序地开展。具体包含以下几个方面的内容:

第一,本款规范的对象是"反洗钱行政主管部门和其他依法负有反洗钱监督管理职责的部门从事反洗钱工作的人员"。根据本法规定,上述人员包括:中国人民银行及其派出机构工作人员;国务院有关特定非金融机构主管部门及其履行监督管理职责的部门工作人员;在职责范围内履行反洗钱监督管理职责的国务院有关部门及其所属下级机关工作人员。以上人员应当依照反洗钱法和相关法律、法规的规定严格履行反洗钱监督管理职责,对其履行职责过程中符合本条规定情形的违法、违规行为,依法追究行为人法律责任。

第二,本款规定的违法行为有以下四种:

(1)违反规定进行检查、调查或者采取临时冻结措施的行为。监督、检查金融机构、特定非金融机构履行反洗钱义务的情况,按照规定进行反洗钱行政调查是反洗钱行政主管部门的职责,对敦促金融机构、特定非金融机构做好反洗钱工作,预防、发现洗钱活动有重要意义。据此,本法第13条、第15条和第四章,《中国人民银行法》第32条对此均作出了明确规定。临时冻结措施的采取可以有效防止资金流失,是开展反洗钱调查、取证的一项重要手段。由于这种权力的行使会极大限制当事人的正常经营活动和其他权益的享有,立法机关在制定反洗钱法时对临时冻结措施的采取,从主体、条件、审批程序、冻结时间等方面作了严格限制。对违反规定进行检查、调查或者采取临时冻结措施的行为人可以依据本项追究其法律责任。

(2)泄露因反洗钱知悉的国家秘密、商业秘密或者个人隐私、个人信息的行为。由于金融工作的特殊性质,在反洗钱监督管理过程中,相关工作人员不可避免地会知悉部分国家秘密、商业秘密、个人隐私、个人信息,对这些信息的保密处理关系着国家机关工作的正常开展,以及企业、个人生产、生活的正常进行。《中国人民银行法》《个人信息保护法》等法律、法规、规章中都有关于保密的规定,本法对此再次予以重申。

(3)违反规定对有关机构和人员实施行政处罚的行为。对金融机构及其他有反洗钱义务的单位或者组织的违法行为给予行政处罚是反洗钱监督管理部门履行监督管理职责的保障。本法以及《中国人民银行法》《金融机构反洗钱和反恐怖融资监督管理办法》《金融机构大额交易和可疑交易报告管理办法》等法律、法规、规章对行政处罚的对象、范围、程度都有所规定,对违反规定实施行政处罚的行为将依据本条规定追究法律责任。

(4)其他不依法履行职责的行为。本项为兜底性规定,反洗钱行政主管部门和其他依法负有反洗钱监督管理职责的部门工作人员在反洗钱工作中有上述3项规定以外的其他性质、危害性相当的行为的,可以依据本项予以处罚。此外,本项中"违反规定"一般是指违反相应的法律、法规的规定。

第三,本款规定的责任形式为依法给予处分。这里的处分既包括政务处分,也包括纪律处分。根据《公务员法》《公职人员政务处分法》的规定,公务员有违法违纪行为,应当承担纪律责任的,依法给予处分。处分分为警告、记过、记大过、降级、撤职、开除六种形式。受处分的期间为警告6个月,记过12个月,记大过18个月,降级、撤职24个月。公务员在受处分期间不得晋升职务、职级和级别,其中受记过、记大过、降级、撤职处分的,不得晋升工资档次。受到撤职处分的,按照规定降低级别。如果行为人不是国家机关工作人员,对其处分包括单位内部规定的处分和党内纪律处分。根据《中国共产党纪律处分条例》的规定,由党组织给予党员党内纪律处分,包括警告、严重警告、撤销党内职务、留党察看、开除党籍五种。在具体适用上,由主管机关根据行为人违法行为情节轻重、危害性深浅程度依法作出判定。这里的法律依据包括《中国人民银行法》《银行业监督管理法》《行政处罚法》等法律法规。监管部门及其工作人员的违规责任可能存在多种叠加的情况,对此可根据公职人员政务处分法的规定分情况进行处理。对行为人主观恶性较大、社会危害性较严重的行为,根据本法第62条的规定,该行为构成犯罪的,可依法追究刑事责任。

本条第2款是关于反洗钱工作中其他国家机关工作人员泄露因反洗钱知悉的国家秘密、商业秘密或者个人隐私、个人信息的行为的法律责任的规定。

根据本法第7条和第17条的规定,对依法履行反洗钱职责或者义务获得的客户身份资料和交易信息、反洗钱调查信息等反洗钱信息,应当予以保密;非依法律规定,不得向任何单位和个人提供。我国实行反洗钱工作信息定期通报制度。履行与反洗钱相关的监督管理、行政调查、监察调查、刑事诉讼等职责的国家有关机关的工作人员,也应当履行保守因反洗钱知悉的国家秘密、商业秘密或者个人隐私、个人信息的义务。上述国家有关机关工作人员如果违反该义务要求,将面临相应的政务处分和党纪处分,情节严重的还可能被追究刑事责任。

第五十二条　【未落实内控制度的处罚】金融机构有下列情形之一的,由国务院反洗钱行政主管部门或者其设区的市级以上派出机构责令限期改正;情节较重的,给予警告或者处二十万元以下罚款;情节严重或者逾期未改正的,处二十万元以上二百万元以下罚款,可以根据情形在职责范围内或者建议有关金融管理部门限制或者禁止其开展相关业务:

(一)未按照规定制定、完善反洗钱内部控制制度规范;

(二)未按照规定设立专门机构或者指定内设机构牵头负责反洗钱工作;

(三)未按照规定根据经营规模和洗钱风险状况配备相应人员;

(四)未按照规定开展洗钱风险评估或者健全相应的风险管理制度;

(五)未按照规定制定、完善可疑交易监测标准;

(六)未按照规定开展反洗钱内部审计或者社会审计;

(七)未按照规定开展反洗钱培训;

(八)应当建立反洗钱相关信息系统而未建立,或者未按照规定完善反洗钱相关信息系统;

(九)金融机构的负责人未能有效履行反洗钱职责。

条文注释

本条包含以下两个方面的内容:

1.处罚对象、处罚方式、责任形式

(1)关于处罚对象。本条规定的责任主体为金融机构,根据本法第63条的规定,在境内设立的下列机构,履行本法规定的金融机构反洗钱义务:银行业、证券基金期货业、保险业、信托业金融机构;非银行支付机构;国务院反洗钱行政主管部门确定并公布的其他从事金融业务的机构。金融领域是洗钱活动的高发区域,金融机构是反洗钱的主要义务主体,反洗钱法针对金融机构的工作特点设置了相应的义务,金融机构对这些义务的认真履行是反洗钱工作切实有效进行的重要保障。本法第27条规定了金融机构建立健全反洗钱内部控制制度的相关内容,故本条在法律责任部分对金融机构不履行义务的情形做了相应的衔接性规定。

(2)关于处罚方式。根据本条的规定,作出处罚决定的机关为国务院反洗钱行政主管部门或者其设区的市级以上派出机构,具体包含了三级机关,即中国人民银行、中国人民银行省一级派出机构、中国人民银行设区的市级以上派出机构。这里的"有关金融管理部门"包括国家金融监督管理总局、中国证监会及其地方派出机构。有关金融管理部门负责对金融机构业务活动进行监督管理,有着相对完善的监督管理措施,可依法对金融机构的违法行为作出处理决定。根据本条的规定,有关金融管理部门接到反洗钱行政主管部门的建议后,可限制或者禁止金融机构开展相关业务。

(3)关于责任形式。本条规定金融机构的责任是在接到反洗钱行政主管部门的限期改正通知后,在规定的期间内纠正错误做法,对违法行为后果给予积极有效的弥补。具体而言就是要在规定期间内,制定、完善反洗钱内部控制制度规范,设立专门机构或者指定内设机构牵头负责反洗钱工作,根据经营规模和洗钱风险状况配备相应人员,开展洗钱风险评估或者健全相应的风险管理制度,制定、完善可疑交易监测标准,开展反洗钱内部审计或者社会审计,开展反洗钱培训,建立或者完善反洗钱相关信息系统,金融机构的负责人有效履行反洗钱职责等。对情节较重的金融机构,反洗钱行政主管部门有权对其作出警告或者处20万元以下罚款的处罚决定;对情节严重或者在期限内未改正的金融机构,反洗钱行政主管部门有权对其作出20万元以上200万元以下罚款的决定,具体的罚款金额根据违法情节的严重程度来确定。这里的"情节严重或者逾期未改正"主要是指情节严重的反洗钱内部控制制度违规行为或者逾期未按照监管要求改正等情形,需要结合金融机构反洗钱内部控制制度的质量、有效性来判断,包括不按照规定建立多项内部控制制度、面临较高洗钱风险未及时完善风险管理措施、可疑交易监测标准存在较大缺陷、未在规定期限改正、拒不改正、因不履行义务造成反洗钱工作严重阻碍等情形。

2. 处罚情形

考虑到内部控制制度包含机构和人员、风险评估和风险管理制度、交易监测标准、反洗钱信息系统、内部审计、员工培训、负责人履职等方面,本法第三章第27条规定了金融机构的内部控制制度,对违反相应内部控制制度规定的,本条明确了相应的法律责任。

(1)未按照规定制定、完善反洗钱内部控制制度规范。本法将建立内部控制制度作为金融机构反洗钱的首项义务予以规定,足以说明完善的内部控制制度对于金融机构在反洗钱工作中起到举足轻重的作用。制定、完善反洗钱内部控制制度是建立并不断完善包括但不限于客户尽职调查制度、大额交易和可疑交易报告制度、客户身份资料和交易记录保存制度、保密制度、宣传培训制度等。违反规定的,应当予以处罚。

(2)未按照规定设立专门机构或者指定内设机构牵头负责反洗钱工作。反洗钱工作机构是金融机构开展反洗钱工作的重要机构。根据本法第27条的规定,金融机构负责反洗钱的工作机构包括专门机构和内设机构,其对反洗钱专业知识和工作经验有一定的要求,这些专门机构或者内设机构是金融机构履行反洗钱义务的职能部门,对于金融机构履行反洗钱义务的能力、水平等具有决定性作用。对于未按照规定设立专门机构或者指定内设机构牵头负责反洗钱工作的,以及设立的机构不具备反洗钱职能条件的,应依法予以处罚。

(3)未按照规定根据经营规模和洗钱风险状况配备相应人员。根据本法的规定,金融机构应当建立客户尽职调查制度、客户身份资料和交易记录保存制度、大额交易报告制度和可疑交易报告制度等反洗钱基本制度并有效实施,还应当开展风险评估、内部检查、培训等,这些工作的完成需要金融机构投入相当的人力和物力,否则,各项工作将无法开展。金融机构需要根据自身的经营规模和洗钱风险的状况配备相应的人员,以保障顺利地开展反洗钱工作。

(4)未按照规定开展洗钱风险评估或者健全相应的风险管理制度。洗钱风险评估是对金融机构面临的洗钱风险进行的评估,其目的是及时发现和预防洗钱行为。评估应客观、准确,并提出改进建议,给金融机构调整和优化反洗钱工作提供依据。通过有效评估和健全风险管理制度,才能确保反洗钱工作取得良好效果,维护金融体系的稳定和安全。

(5)未按照规定制定、完善可疑交易监测标准。可疑交易监测是反洗钱工作中的一项重要环节,是可疑交易报告制度的基础。金融机构应参照监管部门制定的相关标准,结合自身经营规模,制定明确、有效的可疑交易监测标准和符合自身特点的可疑交易甄别流程,建立符合自身情况的可疑交易报告实施细则,明确反洗钱工作人员的职责分工,完善对可疑交易报告的分析机制。同时,根据反洗钱工作的新形势、新要求、新变化,与时俱进地完善可疑交易监测标准。

(6)未按照规定开展反洗钱内部审计或者社会审计。反洗钱的审计是一种独立、客观的活动,主要通过运用系统、规范的方法,审查和评价金融机构内部的反洗钱工作,目的在于确保反洗钱内部控制制度的有效实施,从制度上促进金融机构对可能存在的洗钱活动予以识别,对有关交易予以处置,从制度上有效预防、遏制洗钱活动。金融机构开展反洗钱内部审计或者社会审计的内容涵盖了金融机构反洗钱内部控制制度的各个方面,根据审计检查结果,指出内部控制制度存在的问题及改进建议,旨在确保金融机构能够有效预防和打击洗钱活动,维护金融市场的稳定。

(7)未按照规定开展反洗钱培训。反洗钱培训是反洗钱各项工作的重要保障。反洗钱工作具有极强的专业性,对从事各项具体工作的金融机构工作人员也提出了更高的要求。除了对金融机构的业务活动进行加强和改进外,金融机构工作人员还必须了解与反洗钱有关的各项法律和政策,以保障反洗钱工作开展的深度和力度。根据《反洗钱法》第27条的规定,金融机构要按照要求开展反洗钱培训和宣传。对未按照规定开展反洗钱培训的,应依法予以处罚。

(8)应当建立反洗钱相关信息系统而未建立,或者未按照规定完善反洗钱相关信息系统。反洗钱信息系统是反洗钱工作的重要数据库。反洗钱信息系统覆盖了反洗钱业务活动中的大量交易信息,涵盖了大量的客户数据信息,有助于帮助金融机构甄别可疑交易,对反洗钱工作起到积极作用。因此,本条规定金融机构要完善反洗钱相关信息系统。未按照规定完善反洗钱相关信息系统的,将会带来一定的洗钱风险,不利于金融稳定;对于应当建立反洗钱相关信息系统而未建立,或者未按照规定完善反洗钱相关信息系统的,应当依法予以处罚。

(9)金融机构的负责人未能有效履行反洗钱职责。不仅金融机构应当建立健全完善内部控制制度,金融机构的负责人也应当对反洗钱内部控制制度的有效实施等负责。为了确保金融机构负责人有效履行反洗钱职责,除了对金融机构设置法律责任外,本条也对金融机构负责人明确了相应的法律责任。强化金融机构负责人的反洗钱主体责任,督促金融机构负责人有效履行反洗钱职责,对于未能有效履行反洗钱职责的金融机构负责人,应当依法予以处罚。

第五十三条 【未落实反洗钱核心制度的处罚】金融机构有下列行为之一的,由国务院反洗钱行政主管部门或者其设区的市级以上派出机构责令限期改正,可以给予警告或者处二十万元以下罚款;情节严重或者逾期未改正的,处二十万元以上二百万元以下罚款:

(一)未按照规定开展客户尽职调查;
(二)未按照规定保存客户身份资料和交易记录;
(三)未按照规定报告大额交易;
(四)未按照规定报告可疑交易。

条文注释

本条包含以下几个方面的内容。

第一，本条规定的责任主体为金融机构，根据本法第63条的规定，金融机构是指在境内设立的银行业、证券基金期货业、保险业、信托业金融机构，非银行支付机构，国务院反洗钱行政主管部门确定并公布的其他从事金融业务的机构。

第二，本条规定处罚的违法行为主要是一般违法行为，具体包括以下四类行为:(1)未按照规定开展客户尽职调查的。本法第28条第1款规定了金融机构应当按照规定建立客户尽职调查制度，第29条第1款列举了金融机构应当开展客户尽职调查的情况，并于第2款规定客户尽职调查包括识别并采取合理措施核实客户及其受益所有人身份，了解客户建立业务关系和交易的目的，涉及较高洗钱风险的，还应当了解相关资金来源和用途。(2)未按照规定保存客户身份资料和交易记录的。本法第34条第1款规定了金融机构应当按照规定建立客户身份资料和交易记录保存制度，第3款规定了客户身份资料在业务关系结束后、客户交易信息在交易结束后，应当至少保存10年。(3)未按照规定报告大额交易的。本法第35条第1款规定金融机构应当按照规定执行大额交易报告制度，客户单笔交易或者在一定期限内的累计交易超过规定金额的，应当及时向反洗钱监测分析机构报告。(4)未按照规定报告可疑交易的。根据本法第35条第2款的规定，金融机构应当按照规定执行可疑交易报告制度，制定并不断优化监测标准，有效识别、分析可疑交易活动，及时向反洗钱监测分析机构提交可疑交易报告。本条是对金融机构未落实反洗钱核心制度的处罚，在执行中需要结合本法第三章关于金融机构反洗钱义务的相关具体条文进行理解。实践中，金融机构应深入研究和理解反洗钱法律法规中对于客户尽职调查、客户身份资料和交易记录保存、大额交易和可疑交易报告等各项规定的具体要求，确保自身行为符合相关法律法规要求，同时金融机构需要随着反洗钱形势的变化和法律法规的修订，及时更新内部的反洗钱制度和操作流程，以保证反洗钱工作的持续有效性和合规性。

第三，金融机构有上述不履行反洗钱义务的行为的，由国务院反洗钱行政主管部门或者其设区的市级以上派出机构责令限期改正,可以给予警告或者处20万元以下罚款;情节严重或者逾期未改正的,处20万元以上200万元以下罚款。本条根据金融机构违反反洗钱义务的情节不同,规定了两档处罚。反洗钱行政主管部门在对金融机构进行处罚时,应当综合考虑金融机构的违法行为,在适用第一档处罚时,对于情节较轻,危害不大的,可以责令限期改正,不予以行政处罚。责令限期改正,是指要求金融机构立即停止违法行为,并在一定期限内按照规定要求履行其义务。

第五十四条 【其他违反反洗钱义务的处罚】金融机构有下列行为之一的,由国务院反洗钱行政主管部门或者其设区的市级以上派出机构责令限期改正,处五十万元以下罚款;情节严重的,处五十万元以上五百万元以下罚款,可以根据情形在职责范围内或者建议有关金融管理部门限制或者禁止其开展相关业务:

(一)为身份不明的客户提供服务、与其进行交易,为客户开立匿名账户、假名账户,或者为冒用他人身份的客户开立账户;

(二)未按照规定对洗钱高风险情形采取相应洗钱风险管理措施;

(三)未按照规定采取反洗钱特别预防措施;

(四)违反保密规定,查询、泄露有关信息;

(五)拒绝、阻碍反洗钱监督管理、调查,或者故意提供虚假材料;

(六)篡改、伪造或者无正当理由删除客户身份资料、交易记录;

(七)自行或者协助客户以拆分交易等方式故意逃避履行反洗钱义务。

条文注释

本条包含以下几个方面的内容。

第一,本条规定的责任主体为金融机构,根据本法第63条的规定,金融机构是指在境内设立的银行业、证券基金期货业、保险业、信托业金融机构,非银行支付机构,国务院反洗钱行政主管部门确定并公布的其他从事金融业务的机构。金融领域是洗钱活动的高发区域,金融机构是反洗钱的主要义务主体,《反洗钱法》针对金融机构的工作特点为其设置了相应的义务,金融机构对这些义务的认真履行是反洗钱工作切实有效进行的重要保障。

第二,本条规定处罚的违法行为主要是金融机构履职中发生频率较低但危害较高的行为,具体包括以下七类行为:(1)为身份不明的客户提供服务、与其进行交易,为客户开立匿名账户、假名账户,或者为冒用他人身份的客户开立账户。这里所说的"为身份不明的客户提供服务、与其进行交易",主要是指对于应当依法核实客户身份的情形,在无法提供有效身份证明或其身份信息无法被金融机构验证时,金融机构仍然为其提供服务、与其进行交易的行为;"为客户开立匿名账户",主要是指客户在开立账户时未提供真实姓名、身份证明或者其他必要信息,而金融机构却为其开立账户的行为;"为客户开立假名账户",主要是指客户在开立账户时提供虚构的姓名或身份,或者隐瞒真实身份,而金融机构仍然为其开立账户的行为;"为冒用他人身份的客户开立账户",主要是指金融机构明知或者应当知道客户使用他人的身份证明为自己开立账户,仍然为其开立账户的行为。按照本法确保反洗钱措施与洗钱风险相适应的规定,以及相关法律法规的要求,对于采取简化措施的低风险情形,应当结合具体情况认定。(2)未按照规定对洗钱高风险情形采取相应洗钱风险管理措施。这里所说的"未按照规定对洗钱高风险情形采取相应洗钱风险管理措施",主要是指金融机构按照本法第30条第1款的规定应当对存在洗钱高风险客户采取洗钱风险管理措施而不采取相应洗钱风险管理措施的行为。(3)未按照规定采取反洗钱特别预防措施。这里所说的"未按照规定采取反洗钱特别预防措施",主要是指金融机构按照本法第40条规定应当对恐怖活动组织和人员、定向金融制裁的组织和人员及具有重大洗钱风险的组织和人员名单所列对象采取反洗钱特别预防措施而不采取反洗钱特别预防措施的行为,以及按照本法第41条规定应当识别、评估相关风险并制定相应的制度,及时获取规定的名单,对客户及其交易对象进行核查,采取相应措施,并向反洗钱行政主管部门报告而未履行的行为。(4)违反保密规定,查询、泄露有关信息。这里所说的"违反保密规定,查询有关信息",主要是指金融机构在履行反洗钱义务时,违反本法和有关保密法律法规的规定,没有权限查询而查询有关信息,或者在查询时超越范围查询有关信息的行为;"违反保密规定,泄露有关信息",主要是指金融机构违反本法和保密法律法规的规定,泄露在履行反洗钱义务时获得的客户身份资料和交易信息,以及客户尽职调查信息、可疑交易报告等相关信息。(5)拒绝、阻碍反洗钱监督管理、调查,或者故意提供虚假材料。这里所说的"拒绝、阻碍反洗钱监督管理、调查",主要是指金融机构无正当理由拒绝接受,或者阻挠、妨碍反洗钱行政主管部门依照本法和有关规定开展的监督管理和调查工作,如在调查可疑交易时,金融机构拒绝反洗钱行政主管部门查阅、复制被调查对象的账户信息、交易记录,或者有关人员拒不说明情况等;"故意提供虚假材料",主要是指金融机构在反洗钱行政主管部门监督管理、调查时故意提供虚假的客户身份资料和交易信息以及虚假的反洗钱内控制度、可疑交易监测标准、培训资料等材料。(6)篡改、伪造或者无正当理由删除客户身份资料、交易记录。(7)自行或者协助客户以拆分交易等方式故意逃避履行反洗钱义务。这里所说的"自行或者协助客户以拆分交易等方式故意逃避履行反洗钱义务",主要是指金融机构违反本法和有关规定,自行对客户的交易进行拆分,或者协助客户拆分交易,故意逃避大额交易和可疑交易报告义务。

第三,金融机构有上述违法行为的,由国务院反洗钱行政主管部门或者其设区的市级以上派出机构责令限期改正,处50万元以下罚款;情节严重的,处50万元以上500万元以下罚款,可以根据情形在职责范围内或者建议有关金融管理部门限制或者禁止其开展相关业务。本条规定的是金融机构有未按照规定对洗钱高风险情形采取相应洗钱风险管理措施等不履行反洗钱义务的行为,处罚力度较大,要结合金融机构客户、交易的洗钱风险状况进行考虑。对于基本未发生交易、交易额低、不具有风险的客户和交易,应在处罚裁量上予以充分考虑。

第五十五条 【致使发生洗钱或恐怖融资后果的处罚】 金融机构有本法第五十三条、第五十四条规定的行为,致使犯罪所得及其收益通过本机构得以掩饰、隐瞒的,或者致使恐怖主义融资后果发生的,由国务院反洗钱行政主管部门或者其设区的市级以上派出机构责令限期改正,涉及金额不足一千万元的,处五十万元以上一千万元以下罚款;涉及金额一千万元以上的,处涉及金额百分之二十以上二倍以下罚款;情节严重的,可以根据情形在职责范围内实施或者建议有关金融管理部门实施限制、禁止其开展相关业务,或者责令停业整顿、吊销经营许可证等处罚。

条文注释

本条包含以下几个方面的内容:

第一,金融机构有本法第53条、第54条规定的行为。本法第53条规定的行为包括:未按照规定开展客户尽职调查;未按照规定保存客户身份资料和交易记录;未按照规定报告大额交易;未按照规定报告可疑交易。本法第54条规定的行为包括:为身份不明的客户提供服务、与其进行交易,为客户开立匿名账户、假名账户,或者为冒用他人身份的客户开立账户;未按照规定对洗钱高风险情形采取相应洗钱风险管理措施;未按照规定采取反洗钱特别预防措施;违反保密规定,查询、泄露有关信息;拒绝、阻碍反洗钱监督管理、调查,或者故意提供虚假材料;篡改、伪造或者无正当理由删除客户身份资料、交易记录;自行或者协助客户以拆分交易等方式故意逃避履行反洗钱义务。

第二,致使犯罪所得及其收益通过本机构得以掩饰、隐瞒的,或者致使恐怖主义融资后果发生的。"致使犯罪所得及其收益通过本机构得以掩饰、隐瞒的",主要是指金融机构违反反洗钱义务,导致违法行为人通过金融机构实现其犯罪所得及其收益得以掩饰、隐瞒的后果。"致使恐怖主义融资后果发生的",主要是指金融机构违反反洗钱义务,导致违法行为人通过金融机构将资金提供给恐怖活动组织和个人。本条规定的是金融机构有未按照规定履行反洗钱义务的行为,造成洗钱或恐怖主义融资后果的发生时,所应承担的法律责任。这就要求金融机构有本法第53条、第54条规定的行为与洗钱或恐怖主义融资后果的发生之间具有因果关系。这种因果关系的判断需要结合金融机构反洗钱义务的针对性、洗钱活动的具体方式等进行综合分析。

第三,致使犯罪所得及其收益通过本机构得以掩饰、隐瞒或恐怖主义融资后果发生的,由国务院反洗钱行政主管部门或者其设区的市级以上派出机构予以处罚。本条具体规定了两档处罚种类:第一档处罚是责令限期改正,涉及金额不足1000万元的,处50万元以上1000万元以下罚款,这就要求不仅对金融机构予以罚款处罚,还要责令其限期改正,消除违反反洗钱义务的行为。第二档处罚是涉及金额1000万元以上的,处涉及金额20%以上2倍以下罚款。这种罚款方式,采用的是数额和倍比相结合的方式,从而加大对金融机构的处罚力度。此外,对于情节严重的,本条还规定反洗钱行政主管部门可以根据情形在职责范围内实施或者建议有关金融管理部门实施限制、禁止其开展相关业务,或者责令停业整顿、吊销经营许可证等处罚。这里所说的"情节严重",主要是指多次或者长期拒不履行反洗钱义务,或者因不履行反洗钱义务造成恶劣影响、后果等。

第五十六条 【对金融机构相关责任人员的处罚】国务院反洗钱行政主管部门或者其设区的市级以上派出机构依照本法第五十二条至第五十四条规定对金融机构进行处罚的,还可以根据情形对负有责任的董事、监事、高级管理人员或者其他直接责任人员,给予警告或者处二十万元以下罚款;情节严重的,可以根据情形在职责范围内实施或者建议有关金融管理部门实施取消其任职资格、禁止其从事有关金融行业工作等处罚。

国务院反洗钱行政主管部门或者其设区的市级以上派出机构依照本法第五十五条规定对金融机构进行处罚的,还可以根据情形对负有责任的董事、监事、高级管理人员或者其他直接责任人员,处二十万元以上一百万元以下罚款;情节严重的,可以根据情形在职责范围内实施或者建议有关金融管理部门实施取消其任职资格、禁止其从事有关金融行业工作等处罚。

前两款规定的金融机构董事、监事、高级管理人员或者其他直接责任人员能够证明自己已经勤勉尽责采取反洗钱措施的,可以不予处罚。

条文注释

本条第 1 款是关于金融机构违反本法第 52 条至第 54 条规定被处罚的,有关部门对负有责任的董事、监事、高级管理人员或者其他直接责任人员予以处罚的规定。本款包含以下两层意思。第一,董事、监事、高级管理人员或者其他直接责任人员被处罚的条件有两个:一是必须是金融机构因违反本法第 52 条至第 54 条规定被处罚。金融机构违反本法第 52 条内部控制制度,有本法第 53 条和第 54 条的违规行为,国务院反洗钱行政主管部门或者其设区的市级以上派出机构给予其警告或者罚款;情节严重的,可以根据情形在职责范围内实施或者建议有关金融管理部门实施取消其任职资格、禁止其从事有关金融行业工作等处罚。二是董事、监事、高级管理人员或者其他直接责任人员对金融机构被处罚负有责任。如果上述人员对金融机构被处罚没有责任,也不应当予以处罚。第二,对董事、监事、高级管理人员或者其他直接责任人员的处罚,由国务院反洗钱行政主管部门或者其设区的市级以上派出机构给予警告或者处 20 万元以下罚款;情节严重的,可以根据情形在职责范围内实施或者建议有关金融管理部门实施取消其任职资格、禁止其从事有关金融行业工作等处罚。关于取消任职资格,包括相关人员不得再担任金融机构的董事、行长、经理等高级管理职位,可以取消其一定期限直至终身的任职资格。关于禁止从事金融行业工作,即不得再从事金融行业工作,可以禁止其一定期限直至终身从事金融行业工作。

本条第2款是关于金融机构违反本法第55条规定被处罚的,有关部门对负有责任的董事、监事、高级管理人员或者其他直接责任人员予以处罚的规定。本款包含以下两层意思。第一,董事、监事、高级管理人员或者其他直接责任人员被处罚的条件有两个:一是必须是金融机构违反本法第55条规定被处罚,即金融机构因发生洗钱或恐怖主义融资后果被予以处罚。二是董事、监事、高级管理人员或者其他直接责任人员对金融机构被处罚负有责任。第二,对董事、监事、高级管理人员或者其他直接责任人员的处罚,由国务院反洗钱行政主管部门或者其设区的市级以上派出机构处20万元以上100万元以下罚款;情节严重的,可以根据情形在职责范围内实施或者建议有关金融管理部门实施取消其任职资格、禁止其从事有关金融行业工作等处罚。

本条第3款是关于董事、监事、高级管理人员或者其他直接责任人员勤勉尽责的免责规定。本款规定包含两层意思:第一,董事、监事、高级管理人员或者其他直接责任人员能够证明自己已经勤勉尽责采取反洗钱措施。董事、监事、高级管理人员或者其他直接责任人员已经认真履行本法第三章规定的金融机构反洗钱义务,如认真执行反洗钱内部控制制度要求,按照规定开展客户尽职调查,按照规定保存客户身份资料和交易记录,按照规定报告大额交易和可疑交易,按照规定对洗钱高风险情形采取洗钱风险管理措施,按照规定采取反洗钱特别预防措施,配合反洗钱行政主管部门监督检查和调查等。第二,明确规定"可以不予处罚"。董事、监事、高级管理人员或者其他直接责任人员已经勤勉尽责的,一般情况下应当不予处罚,但是造成特别严重后果等情形的,也可以予以处罚。根据本条规定,金融机构违反本法第52条至第55条规定被处罚的,并不一定要对负有责任的董事、监事、高级管理人员或者其他直接责任人员予以处罚,应当结合反洗钱行政处罚实践,金融机构规模大小,金融机构董事、监事、高级管理人员或者其他直接责任人员的勤勉尽责程度,以及违规行为严重程度和危害等,综合考虑决定是否对其予以处罚。

第五十七条 【违反阻却、境外配合调查要求的处罚】金融机构违反本法第五十条规定擅自采取行动的,由国务院有关金融管理部门处五十万元以下罚款;情节严重的,处五十万元以上五百万元以下罚款;造成损失的,并处所造成直接经济损失一倍以上五倍以下罚款。对负有责任的董事、监事、高级管理人员或者其他直接责任人员,可以由国务院有关金融管理部门给予警告或者处五十万元以下罚款。

境外金融机构违反本法第四十九条规定,对国家有关机关的调查不予配合的,由国务院反洗钱行政主管部门依照本法第五十四条、第五十六条规定进行处罚,并可以根据情形将其列入本法第四十条第一款第三项规定的名单。

条文注释

本条是关于境内金融机构违反对外国不当执法的阻却措施的处罚规定和境外金融机构违反配合调查要求的处罚规定。

本条第1款是关于境内金融机构违反对外国不当执法的阻却措施义务的处罚规定。本款规定的违法主体是我国境内金融机构,违法行为是"违反本法第五十条规定擅自采取行动",具体包括违反本法第50条第1款的规定,对外国国家、组织不合理的执法要求擅自执行,不及时向国务院有关金融管理部门报告;以及违反本法第50条第2款的规定,对外国国家、组织的执法要求未向国务院有关金融管理部门和国家有关机关报告就配合。本款针对上述违法行为,对金融机构按照违法情节和是否造成损失分别规定了处罚:有本款规定的违法行为的,由国务院有关金融管理部门处50万元以下罚款;情节严重的,处50万元以上500万元以下罚款;造成损失的,并处所造成直接经济损失1倍以上5倍以下罚款。本款同时规定,对本款规定的违法行为负有责任的董事、监事、高级管理人员或者其他直接责任人员,可以由国务院有关金融管理部门给予警告或者处50万元以下罚款。这里规定的是"可以"给予警告或者罚款,赋予了国务院有关金融管理部门处罚裁量权。

本条第2款是关于境外金融机构不配合国家有关机关的调查措施的处罚规定。本款规定了两类处罚措施:一是由国务院反洗钱行政主管部门依照本法第54条、第56条规定进行处罚,即由国务院反洗钱行政主管部门或者其设区的市级以上派出机构责令限期改正,处50万元以下罚款;情节严重的,处50万元以上500万元以下罚款,可以根据情形在职责范围内或者建议有关金融管理部门限制或者禁止其开展相关业务。还可以根据情形对负有责任的董事、监事、高级管理人员或者其他直接责任人员,给予警告或者处20万元以下罚款;情节严重的,可以根据情形在职责范围内实施或者建议有关金融管理部门实施取消其任职资格、禁止其从事有关金融行业工作等处罚。二是可以根据情形将其列入本法第40条第1款第3项规定的名单,即采取反洗钱特别预防措施的对象名单,针对其采取本法第40条规定的反洗钱特别预防措施。

有关主管部门行使本条规定的行政处罚权,要结合各种因素综合考虑,既要注意维护国际经济金融秩序,又要注重依法平等保护境内外金融机构的合法权益,维护市场化、法治化、国际化的营商环境。

第五十八条 【对特定非金融机构的处罚】特定非金融机构违反本法规定的,由有关特定非金融机构主管部门责令限期改正;情节较重的,给予警告或者处五万元以下罚款;情节严重或者逾期未改正的,处五万元以上五十万元以下罚款;对有关负责人,可以给予警告或者处五万元以下罚款。

条文注释

本条包含以下两个方面的内容：

第一，追究特定非金融机构及其有关负责人法律责任的主体是有关特定非金融机构主管部门。根据本法第64条关于特定非金融机构的范围的规定，并结合相关特定非金融机构的行业主管部门情况，在我国现阶段，特定非金融机构主管部门主要有住房城乡建设部门、财政部门、司法行政部门等。同时，根据本法第15条第2款的规定，特定非金融机构主管部门监督检查特定非金融机构履行反洗钱义务的情况。因此，规定由行业主管部门对违反反洗钱义务的特定非金融机构及其有关负责人进行处罚，与我国对于特定非金融机构采取多部门分散监管模式，由有关特定非金融机构主管部门对特定非金融机构履行反洗钱义务的情况进行监督检查的内容相一致。

第二，法律责任的内容包括责令限期改正、警告、罚款。首先，由有关特定非金融机构主管部门责令其限期改正，即责令有关的特定非金融机构在规定的期限内改正错误，依法履行反洗钱义务。本条规定的是"责令限期改正"，违法的特定非金融机构应当在主管部门规定的期限内改正其违法行为。其次，对于违法情节较重的特定非金融机构给予警告或者处5万元以下罚款，对于违法情节严重或者责令限期改正而逾期未改正的特定非金融机构处5万元以上50万元以下罚款。警告，是指行政主体对违法者实施的一种谴责和告诫，它既具有教育性质又具有制裁性质，目的是向违法者发出警戒，声明行为人的行为已经违法，避免其再犯。罚款，即由行政处罚机关依法强制违反行政管理秩序的公民、法人或者其他组织缴纳一定数量的货币的一种行政处罚。实际案件当中具体给予特定非金融机构处罚的种类和罚款的数额，应当根据特定非金融机构违法行为的事实、性质、情节以及社会危害程度等确定，做到过罚相当。此外，除处罚单位外，对于特定非金融机构的有关负责人，可以给予警告或者处5万元以下罚款。本条规定的对有关负责人的处罚是一种供选择的行政处罚方式，有关特定非金融机构主管部门应当根据违法行为的情节等情况决定是否给予有关负责人处罚以及处罚的种类、罚款的数额。

第五十九条 【违反反洗钱特别预防措施的处罚】金融机构、特定非金融机构以外的单位和个人未依照本法第四十条规定履行反洗钱特别预防措施义务的,由国务院反洗钱行政主管部门或者其设区的市级以上派出机构责令限期改正;情节严重的,对单位给予警告或者处二十万元以下罚款,对个人给予警告或者处五万元以下罚款。

[条文注释]

本条是关于金融机构、特定非金融机构以外的单位和个人未依法履行反洗钱特别预防措施义务的法律责任的规定。

本条主要包含以下几个方面的内容:

第一,本条法律责任的主体对象为金融机构、特定非金融机构以外的单位和个人。本法对单位和个人未依法采取反洗钱特别预防措施规定了相应的法律责任,将反洗钱特别预防义务通过具体的法律责任进行落实。本法第54条和第58条对金融机构、特定非金融机构及其以外的单位和个人根据主体对象的不同分别规定了相应的法律责任。

第二,产生法律责任的原因是未依照本法第40条规定履行反洗钱特别预防措施义务。违法行为主体违反了本法第40条的规定,未按照国家有关机关要求对国家反恐怖主义工作领导机构认定并由其办事机构公告的恐怖活动组织和人员名单,外交部发布的执行联合国安理会决议通知中涉及定向金融制裁的组织和人员名单及国务院反洗钱行政主管部门认定或者会同国家有关机关认定的,具有重大洗钱风险、不采取措施可能造成严重后果的组织和人员名单所列对象采取反洗钱特别预防措施。反洗钱特别预防措施是任何单位和个人必须履行的义务,是否尽到相应的义务,需要根据本法第40条的规定及相关细则进行评价。

第三,执行法律责任的机构为国务院反洗钱行政主管部门或者其设区的市级以上派出机构。国务院反洗钱行政主管部门是中国人民银行,负责组织、协调全国的反洗钱工作。其中,监督、检查金融机构、职责范围内的特定非金融机构以及其他单位和个人履行反洗钱义务,对违法行为主体进行处罚等,是中国人民银行的重要行政职权。

第四,对违法行为主体要求责令限期改正;情节严重的,对单位给予警告或者处20万元以下罚款,对个人给予警告或者处5万元以下罚款。纠正行为主体违法行为是实施本条处罚的重要目的。本条在设置法律责任条款时,首先给予违法行为主体改正错误的机会,在对其实施处罚前责令其限期改正违法行为,包括停止违法行为、恢复原状等具体形式。这里的情节严重,具体包括造成危害较大、逾期不改正或整改效果不符合要求、改正后再违法等。因此,本条中未按规定履行反洗钱特别预防措施义务属于情节类的违法行为,只有违法行为达到情节严重的程度,才对违法行为主体施以实质上的惩戒处罚,包括警告和罚款。

第六十条 【违反受益所有人信息管理规定的处罚】法人、非法人组织未按照规定向登记机关提交受益所有人信息的,由登记机关责令限期改正;拒不改正的,处五万元以下罚款。向登记机关提交虚假或者不实的受益所有人信息,或者未按照规定及时更新受益所有人信息的,由国务院反洗钱行政主管部门或者其设区的市级以上派出机构责令限期改正;拒不改正的,处五万元以下罚款。

条文注释

本条是关于法人、非法人组织未按照规定向登记机关提交受益所有人信息及向登记机关提交虚假或者不实的受益所有人信息,或者未按照规定及时更新受益所有人信息的法律责任的规定。

本条规定了法人、非法人组织未向登记机关提交受益所有人信息的相应法律责任。有效识别受益所有人信息,是法人、非法人组织受益所有人信息管理制度建立的前提。本法第19条第4款对法人、非法人组织的受益所有人的定义作了规定,是指最终拥有或者实际控制法人、非法人组织,或者享有法人、非法人组织最终收益的自然人。具体认定标准由国务院反洗钱行政主管部门会同国务院有关部门制定。

本条规定的处罚主体是登记机关。未按照规定向登记机关提交受益所有人信息的,本条规定了两种处理方式:一是由登记机关责令限期改正。市场监督管理部门发现法人、非法人组织未按照规定提交受益所有人信息的,应当责令违法的主体限期改正。这里的责令限期改正不具惩罚性,具体要求违反规定的法人、非法人组织在一定期限内补充提供受益所有人相关信息。此时的违法违规行为相对轻微,如果及时改正补充,危害后果不大,可以不予行政处罚。二是拒不改正的,由登记机关即市场监督管理部门依照本法给予违法行为人更为严厉的行政处罚,即对法人、非法人组织处 5 万元以下罚款。

本条还针对法人、非法人组织向登记机关提交虚假、不实受益所有人信息等规定了相应的法律责任。反洗钱行政主管部门、国务院市场监督管理部门等是依法管理受益所有人信息的重要机关。反洗钱行政主管部门、国家有关机关为履行职责需要,可以依法使用受益所有人信息。根据本法第 19 条第 2 款的规定,法人、非法人组织应当保存并及时更新受益所有人信息,按照规定向登记机关如实提交并及时更新受益所有人信息。这里对法人、非法人组织违反上述义务规定了三种情形:一是向登记机关提交虚假的受益所有人信息,一般是指法人、非法人组织故意向登记机关提交伪造的、不真实的受益所有人信息。受益所有人登记信息的真实性十分重要,有利于防范行为人利用空壳公司、虚假注册和嵌套持股等方式从事洗钱或恐怖主义融资活动。二是向登记机关提交不实的受益所有人信息,一般是指法人、非法人组织向登记机关提交的受益所有人信息存在错误、不完整等情形。三是未按照规定及时更新受益所有人信息,一般是指法人、非法人组织发生重组或合并、股权转让、继承等情形,其实际控制人、最终收益人等受益所有人发生变更,而未按照规定及时向登记机关更新受益所有人信息。

关联法规

《受益所有人信息管理办法》第6条;《市场主体登记管理条例》

> **第六十一条 【制定处罚裁量基准】**国务院反洗钱行政主管部门应当综合考虑金融机构的经营规模、内部控制制度执行情况、勤勉尽责程度、违法行为持续时间、危害程度以及整改情况等因素,制定本法相关行政处罚裁量基准。

条文注释

本条是关于国务院反洗钱行政主管部门综合考量制定本法相关行政处罚裁量基准的规定。

金融机构作为从事金融活动、承担相关反洗钱义务的市场主体,在经济社会中扮演着重要角色。反洗钱行政处罚实践表明,金融机构本身的特殊性和违法行为的差异性等因素,直接影响着反洗钱法相关行政处罚的裁量基准。这些因素主要包括:金融机构的经营规模、内部控制制度执行情况、勤勉尽责程度、违法行为持续时间、危害程度以及整改情况等。

金融机构的经营规模直接影响违法行为大小、程度、后果等,是《反洗钱法》相关行政处罚裁量基准的重要考虑因素。关于金融机构的"经营规模",根据《金融业企业划型标准规定》,依据指标标准值不同,各类金融业企业划分为大、中、小、微四个规模类型,中型企业标准上限及以上的为大型企业。

金融机构内部控制制度,是指依据金融行业的性质和特点,强化机构内部管理和监督制约,通过健全和完善相关制度规范,有效防范和化解金融风险,提高机构内部经营管理水平,促进金融业务的良性循环,确保金融业改革与发展顺利进行。金融机构反洗钱内部控制制度执行情况,是指金融机构执行反洗钱内部控制制度的有效性。本法第27条对金融机构建立健全反洗钱内部控制制度作了规定。

金融机构反洗钱工作的勤勉尽责程度,是指金融机构及其管理人员在反洗钱相关工作中履行法律和有关规定中要求的反洗钱相关义务的程度。具体而言，金融机构的管理者通常应当具备反洗钱工作必要的专业知识、技能和经验，能够恰当地履行反洗钱工作的职责，充分了解金融行业反洗钱政策和相应的履职事项及其防范措施等情况。在发现本机构洗钱风险或相关问题时，金融机构管理者应及时报告并采取相应措施，以最有效的方式，在最短的时间内，尽最大限度防范洗钱风险的发生或危害结果的扩大。同时，判断金融机构是否勤勉尽责，还需要反洗钱主管部门根据金融机构管理人员在相同情况下所能达到的程度，在个案中具体判断。

违法行为持续时间、危害程度以及整改情况，是评价违法行为严重程度及对其处罚的重要裁量标准。对金融机构违反相关反洗钱义务规定的违法行为进行处罚，需综合判断违法行为严重程度。金融机构违法行为危害程度指其行为对金融监管秩序及反洗钱工作所造成的社会危害性大小。金融机构违法行为的整改，是金融机构违法后的事后补救措施，旨在恢复原来反洗钱工作的要求和标准，对发现的问题和漏洞及时进行解决处理，防范类似违法行为再次发生，以保持金融机构在法定的秩序或者状态下运行。

关联法规

《行政处罚法》第5、34条

第六十二条　【刑事责任的衔接】违反本法规定，构成犯罪的，依法追究刑事责任。

利用金融机构、特定非金融机构实施或者通过非法渠道实施洗钱犯罪的，依法追究刑事责任。

条文注释

本条是关于违反本法规定构成犯罪的以及利用合法或非法渠道实施洗钱犯罪的，依法追究刑事责任的规定。

本条第1款是关于违反本法规定，构成犯罪的，依法追究刑事责任的规定。这是基于我国刑法的基本原则，即对于犯罪行为，应当根据其性质、情节和社会危害程度，依法予以惩处。"依法追究刑事责任"是指根据法律规定,对犯罪行为进行调查、起诉和审判,并最终确定犯罪人应承担的刑事处罚。"刑事责任"是指违反刑事法律规定的个人或者单位所应当承担的法律责任。包括刑事责任在内的法律责任具有法律上的强制性,需要在法律上作出明确具体的规定,以保证法律授权的机关依法对违法行为人追究法律责任,实施法律制裁,以达到维护正常的社会、经济秩序的目的,同时保障个人和单位不违背法律规定的行为不受追究。

违反本法规定,可能构成犯罪应依法追究刑事责任的,主要包括三种情形:一是反洗钱行政主管部门和其他依法负有反洗钱监督管理职责的部门从事反洗钱工作的人员违反本法规定,构成犯罪的,依法追究刑事责任。二是金融机构以及特定非金融机构违反本法规定,未履行或者不当履行反洗钱义务构成犯罪的,依法追究刑事责任。三是其他单位和个人违反本法规定,构成犯罪的,依法追究刑事责任。

本条第2款是关于利用金融机构、特定非金融机构实施或者通过非法渠道实施洗钱犯罪的,依法追究刑事责任的规定。本法通过要求金融机构、特定非金融机构履行本法规定的反洗钱义务,有关部门对其履行反洗钱义务的行为进行监管,从而形成防范犯罪资金转移的预防体系,防范洗钱活动的发生。对已经发生的洗钱活动,构成犯罪的,应当以洗钱犯罪依法追究刑事责任。

关于利用金融机构、特定非金融机构实施或者通过非法渠道实施洗钱犯罪。第一,利用金融机构实施洗钱犯罪,主要是指通过银行、保险、证券基金期货等各类金融机构将犯罪所得及其收益转化为看似合法的钱财。第二,利用特定非金融机构实施洗钱犯罪,主要是指利用房地产交易、贵金属及宝石现货交易、其他交易等方式掩饰、隐瞒犯罪所得及其受益的来源和性质。第三,通过非法渠道实施洗钱犯罪,主要是指利用"地下钱庄"等非法活动进行洗钱。"地下钱庄"通过转账、汇兑、委托收款等方式进行资金结算,协助资金转移的,对其可以依法按照洗钱犯罪相关规定进行惩处。若"地下钱庄"仅提供支付工具协助资金转移,根据《刑法修正案(十一)》对

《刑法》第191条所作的修改,对其也可以依法按照洗钱犯罪相关规定进行惩处。

关联法规

《刑法》第191、312、349条

第七章 附 则

第六十三条 【履行金融机构反洗钱义务的范围】在境内设立的下列机构,履行本法规定的金融机构反洗钱义务:

(一)银行业、证券基金期货业、保险业、信托业金融机构;

(二)非银行支付机构;

(三)国务院反洗钱行政主管部门确定并公布的其他从事金融业务的机构。

条文注释

本条是关于履行本法规定的金融机构反洗钱义务的主体范围的规定。

本条将履行本法规定的金融机构反洗钱义务的主体分为以下三类:

1.传统金融机构

传统金融机构,即银行业、证券基金期货业、保险业、信托业金融机构。分业经营是我国金融业经营管理的基本原则之一。我国《商业银行法》第43条、《证券法》第6条、《保险法》第8条均有相关规定,即银行业、证券业、保险业、信托业实行分业经营、分业管理,银行与证券公司、保险业务机构、信托公司分别设立(国家另有规定的除外)。本条据此作了区分。

(1)银行业金融机构。

《银行业监督管理法》第2条第2款和第3款分别规定:"本法所称银行业金融机构,是指在中华人民共和国境内设立的商业银行、城市信用合作社、农村信用合作社等吸收公众存款的金融机构以及政策性银行。""对在中华人民共和国国境内设立的金融资产管理公司、信托投资公司、财务公司、金融租赁公司以及经国务院银行业监督管理机构批准设立的其他金融机构的监督管理,适用本法对银行业金融机构监督管理的规定。"由于政策性银行、商业银行、信用合作社等银行业金融机构能快捷、大量、安全地放置和转移资金,最容易被洗钱等犯罪分子利用,因此,银行业金融机构历来是反洗钱预防和监控体系的重要组成部分,我国的反洗钱工作便始于银行业领域。

(2)证券基金期货业金融机构。

证券基金期货市场的国际化、产品的多样化和高度流动性,其资金的隐蔽性相对较强,再加上证券基金期货市场上有多种投资媒介可供选择,且各种投资媒介之间可以相互转换,这就使洗钱分子可以很容易地将合法和不法款项的投资组合变现,隐瞒不法款项的来源,从而将犯罪所得融入正常经济体系。因此,国际非法资金常常把证券基金期货市场作为除银行外的第二大洗钱途径。根据域外反洗钱立法,承担反洗钱义务的证券基金期货机构的范围比较宽泛,凡是接受监管的从事自营业务和(或)经纪业务的证券公司、证券投资基金管理公司、从事商品期货和(或)金融期货交易的期货经纪公司都应承担相应的反洗钱义务。本法结合我国反洗钱实际和金融业务情况,对证券基金期货业金融机构作为反洗钱义务主体进行了明确。

(3)保险业金融机构。

保险类金融产品,不仅是一种社会风险防范的工具,也是一种投资手段。作为投资手段来讲,保险类金融产品具有品种多样、时限灵活、可操作性强、市场监管较宽松等特点,从而为洗钱分子隐瞒犯罪所得的来源创造了条件。另外,保险产品销售的某些特性也加大了反洗钱工作的难度,如通常由代理商、经纪商销售,对客户情况了解有赖于保险中介,对受益人信息缺乏了解等。

(4)信托业金融机构。

根据《信托法》第4条和《信托公司管理办法》第2条的规定,信托公司是指依照《公司法》和《信托公司管理办法》设立的主要经营信托业务的金融机构。信托业务是指信托公司以营业和收取报酬为目的,以受托人身份承诺信托和处理信托事务的经营行为。我国信托业发展四十多年来,业务规模与模式得到了较大的发展,同时由于其业务特性,其被洗钱分子利用放置和转移资金的风险也较高。首先,信托业务主要是客户和信托公司之间进行委托、赎回、放款、还款等交易,无法与上游犯罪非法所得的特征关联上,缺少异常交易判断的指标。其次,因大量依靠代销渠道发展客户,信息不足,不利于结合客户尽职调查信息来开展交易监测。最后,部分信托公司反洗钱系统建设较早,交易监测设计较为薄弱,缺少有效的异常交易判断场景,在反洗钱科技方面有改进提高的空间。从国际经验来看,主要国家的反洗钱立法均对信托公司的反洗钱义务进行了明确规定。因此,本法将信托业金融机构纳入反洗钱义务主体的范围。

2. 非银行支付机构

根据《非银行支付机构监督管理条例》第2条的规定,非银行支付机构是指在中华人民共和国境内依法设立,除银行业金融机构外,取得支付业务许可,从事根据收款人或者付款人提交的电子支付指令转移货币资金等支付业务的有限责任公司或者股份有限公司。中华人民共和国境外的非银行机构拟为境内用户提供跨境支付服务的,应当依照本条例规定在境内设立非银行支付机构,国家另有规定的除外。该条例第5条规定,非银行支付机构应当遵守反洗钱和反恐怖主义融资、反电信网络诈骗、防范和处置非法集资、打击赌博等规定,采取必要措施防范违法犯罪活动。《非银行支付机构监督管理条例实施细则》对非银行支付机构的设立、变更与终止,支付业务规则、监督管理和法律责任等方面作了更详细的要求。本法将其明确纳入反洗钱义务主体范围,具备法律基础。

3. 国务院反洗钱行政主管部门确定并公布的其他从事金融业务的机构

从金融业务的性质来看,所有国务院金融监督管理机构批准设立的从事金融业务的机构都存在被洗钱犯罪分子利用的风险,只是在程度上有所差异。根据本条第3项的授权,国务院反洗钱行政主管部门可以按照反洗钱工作的需要,确定和公布新的反洗钱义务主体。根据《金融机构反洗钱和反恐怖融资监督管理办法》的规定,除银行业、证券基金期货业、保险业、信托业金融机构和非银行支付机构外,从事金融业务并且履行反洗钱义务的机构还包括金融资产管理公司、企业集团财务公司、金融租赁公司、汽车金融公司、消费金融公司、货币经纪公司、贷款公司、银行理财子公司,以及银行卡清算机构、资金清算中心、网络小额贷款公司以及从事汇兑业务、基金销售业务、保险专业代理和保险经纪业务的机构。

关联法规

《银行业监督管理法》第2条第2款、第3款;《保险代理人监管规定》;《保险代理人监管规定》;《非银行支付机构监督管理条例》;《非银行支付机构监督管理条例实施细则》;《金融机构反洗钱和反恐怖融资监督管理办法》

第六十四条 【履行特定非金融机构反洗钱义务的范围】 在境内设立的下列机构,履行本法规定的特定非金融机构反洗钱义务:

(一)提供房屋销售、房屋买卖经纪服务的房地产开发企业或者房地产中介机构;

(二)接受委托为客户办理买卖不动产,代管资金、证券或者其他资产,代管银行账户、证券账户,为成立、运营企业筹措资金以及代理买卖经营性实体业务的会计师事务所、律师事务所、公证机构;

(三)从事规定金额以上贵金属、宝石现货交易的交易商;

(四)国务院反洗钱行政主管部门会同国务院有关部门根据洗钱风险状况确定的其他需要履行反洗钱义务的机构。

条文注释

本条是关于履行特定非金融机构反洗钱义务的主体范围的

规定。

根据本条的规定,履行特定非金融机构反洗钱义务的主体包括以下机构:

(1)提供房屋销售、房屋买卖经纪服务的房地产开发企业或者房地产中介机构。房产具有价值高、价格波动大、交易金额大,资金流转环节多、流程长、涉及面广、操作复杂等特点,容易被不法分子用作洗钱渠道。洗钱者有的借用法人机构名义,通过操纵不动产价值的评估、抵押等方式掩饰不法所得;有的利用"返还式贷款交易"直接购买不动产或通过购买房地产投资基金份额间接购买不动产;有的以设立房地产公司、经营房地产业务为幌子进行洗钱;还有的通过他人代持房地产,掩饰巨额的违法犯罪所得。

(2)接受委托为客户办理买卖不动产,代管资金、证券或者其他资产,代管银行账户、证券账户,为成立、运营企业筹措资金以及代理买卖经营性实体业务的会计师事务所、律师事务所、公证机构。会计师事务所、律师事务所、公证机构属于专业服务机构,为客户提供本专业领域内的服务,其中可能涉及少数与客户资金交易、公司设立及运营管理、经营性实体买卖相关的特定业务。不法分子往往会利用这些服务表象掩盖洗钱活动,如利用会计师事务所开展的企业登记事务代理业务设立空壳公司,利用空壳公司掩饰非法资金转移;利用律师事务所在法人设立、融资过程中提供的法律咨询或出具的法律意见书掩盖洗钱活动,实现非法财产合法化的目的。

(3)从事规定金额以上贵金属、宝石现货交易的交易商。贵金属、宝石交易存在价值较高、交易金额大、现金交易比例高等特点,国际社会普遍将其视为洗钱高风险领域。洗钱者往往直接使用现金购买贵金属、宝石,再择机通过市场渠道售出完成洗钱;也有的通过伪造交易的方式,将赃款转化为合法收入。这里"规定金额"的具体数额,由有关部门综合考虑贵金属、宝石现货交易行业现状、洗钱风险状况等因素确定。

(4)国务院反洗钱行政主管部门会同国务院有关部门根据洗钱风险状况确定的其他需要履行反洗钱义务的机构。为使本法的规定具有前瞻性,同时适应一定时期内的洗钱风险防控需要,本条在列举三类特定非金融机构的基础上,以兜底条款的形式授权国务院反洗钱行政主管部门会同国务院有关部门根据洗钱风险状况确定其他需要履行反洗钱义务的机构,为未来有关部门根据洗钱活动趋势、行业洗钱风险、行业监管状况等,在前三项以外增加其他依法负有反洗钱义务的特定非金融机构提供法律依据。

第六十五条 【施行日期】本法自 2025 年 1 月 1 日起施行。

条文注释

2006 年《反洗钱法》第 37 条规定:"本法自 2007 年 1 月 1 日起施行。"2024 年修订《反洗钱法》按照立法技术规范重新规定了本法的施行日期,将 2024 年修订后《反洗钱法》的施行日期确定为 2025 年 1 月 1 日。从修订通过到实施留了近 2 个月的准备期,主要是考虑到:(1)2024 年修订《反洗钱法》对 2006 年《反洗钱法》作了较大幅度修改,既有新增加的制度规定,也有对原有制度规定的进一步完善,涉及社会层面的内容较多,人民群众需要有一段时间知悉和了解,需要做好宣传、解读工作。(2)2024 年修订《反洗钱法》增加了许多新规定,有的规定较为原则,有关方面需要修改或制定与本法配套的反洗钱规章制度,细化本法的有关规定,将本法切实落到实处。(3)针对法律的新规定,无论是中国人民银行等反洗钱监督管理部门,还是金融机构、特定非金融机构等履行反洗钱义务的机构,其内部培训都需要一定的时间。

附录

金融机构反洗钱规定

(2006年11月14日中国人民银行令〔2006〕第1号公布
自2007年1月1日起施行)

第一条 为了预防洗钱活动,规范反洗钱监督管理行为和金融机构的反洗钱工作,维护金融秩序,根据《中华人民共和国反洗钱法》、《中华人民共和国中国人民银行法》等有关法律、行政法规,制定本规定。

第二条 本规定适用于在中华人民共和国境内依法设立的下列金融机构:

(一)商业银行、城市信用合作社、农村信用合作社、邮政储汇机构、政策性银行;

(二)证券公司、期货经纪公司、基金管理公司;

(三)保险公司、保险资产管理公司;

(四)信托投资公司、金融资产管理公司、财务公司、金融租赁公司、汽车金融公司、货币经纪公司;

(五)中国人民银行确定并公布的其他金融机构。

从事汇兑业务、支付清算业务和基金销售业务的机构适用本规定对金融机构反洗钱监督管理的规定。

第三条 中国人民银行是国务院反洗钱行政主管部门,依法对金融机构的反洗钱工作进行监督管理。中国银行业监督管理委员会、中国证券监督管理委员会、中国保险监督管理委员会在各自的职责范围内履行反洗钱监督管理职责。

中国人民银行在履行反洗钱职责过程中,应当与国务院有关部门、机构和司法机关相互配合。

第四条 中国人民银行根据国务院授权代表中国政府开展反洗钱国际合作。中国人民银行可以和其他国家或者地区的反洗钱机构建立合作机制，实施跨境反洗钱监督管理。

第五条 中国人民银行依法履行下列反洗钱监督管理职责：

（一）制定或者会同中国银行业监督管理委员会、中国证券监督管理委员会和中国保险监督管理委员会制定金融机构反洗钱规章；

（二）负责人民币和外币反洗钱的资金监测；

（三）监督、检查金融机构履行反洗钱义务的情况；

（四）在职责范围内调查可疑交易活动；

（五）向侦查机关报告涉嫌洗钱犯罪的交易活动；

（六）按照有关法律、行政法规的规定，与境外反洗钱机构交换与反洗钱有关的信息和资料；

（七）国务院规定的其他有关职责。

第六条 中国人民银行设立中国反洗钱监测分析中心，依法履行下列职责：

（一）接收并分析人民币、外币大额交易和可疑交易报告；

（二）建立国家反洗钱数据库，妥善保存金融机构提交的大额交易和可疑交易报告信息；

（三）按照规定向中国人民银行报告分析结果；

（四）要求金融机构及时补正人民币、外币大额交易和可疑交易报告；

（五）经中国人民银行批准，与境外有关机构交换信息、资料；

（六）中国人民银行规定的其他职责。

第七条 中国人民银行及其工作人员应当对依法履行反洗钱职责获得的信息予以保密，不得违反规定对外提供。

中国反洗钱监测分析中心及其工作人员应当对依法履行反洗钱职责获得的客户身份资料、大额交易和可疑交易信息予以保密；非依法律规定，不得向任何单位和个人提供。

第八条 金融机构及其分支机构应当依法建立健全反洗钱内部控制制度，设立反洗钱专门机构或者指定内设机构负责反洗钱工作，制定反洗钱内部操作规程和控制措施，对工作人员进行反洗钱培训，增强反洗钱工作能力。

金融机构及其分支机构的负责人应当对反洗钱内部控制制度的有效实

施负责。

第九条　金融机构应当按照规定建立和实施客户身份识别制度。

（一）对要求建立业务关系或者办理规定金额以上的一次性金融业务的客户身份进行识别，要求客户出示真实有效的身份证件或者其他身份证明文件，进行核对并登记，客户身份信息发生变化时，应当及时予以更新；

（二）按照规定了解客户的交易目的和交易性质，有效识别交易的受益人；

（三）在办理业务中发现异常迹象或者对先前获得的客户身份资料的真实性、有效性、完整性有疑问的，应当重新识别客户身份；

（四）保证与其有代理关系或者类似业务关系的境外金融机构进行有效的客户身份识别，并可从该境外金融机构获得所需的客户身份信息。

前款规定的具体实施办法由中国人民银行会同中国银行业监督管理委员会、中国证券监督管理委员会和中国保险监督管理委员会制定。

第十条　金融机构应当在规定的期限内，妥善保存客户身份资料和能够反映每笔交易的数据信息、业务凭证、账簿等相关资料。

前款规定的具体实施办法由中国人民银行会同中国银行业监督管理委员会、中国证券监督管理委员会、中国保险监督管理委员会制定。

第十一条　金融机构应当按照规定向中国反洗钱监测分析中心报告人民币、外币大额交易和可疑交易。

前款规定的具体实施办法由中国人民银行另行制定。

第十二条　中国人民银行会同中国银行业监督管理委员会、中国证券监督管理委员会、中国保险监督管理委员会指导金融行业自律组织制定本行业的反洗钱工作指引。

第十三条　金融机构在履行反洗钱义务过程中，发现涉嫌犯罪的，应当及时以书面形式向中国人民银行当地分支机构和当地公安机关报告。

第十四条　金融机构及其工作人员应当依法协助、配合司法机关和行政执法机关打击洗钱活动。

金融机构的境外分支机构应当遵循驻在国家或者地区反洗钱方面的法律规定，协助配合驻在国家或者地区反洗钱机构的工作。

第十五条　金融机构及其工作人员对依法履行反洗钱义务获得的客户身份资料和交易信息应当予以保密；非依法律规定，不得向任何单位和个人提供。

金融机构及其工作人员应当对报告可疑交易、配合中国人民银行调查可疑交易活动等有关反洗钱工作信息予以保密,不得违反规定向客户和其他人员提供。

第十六条 金融机构及其工作人员依法提交大额交易和可疑交易报告,受法律保护。

第十七条 金融机构应当按照中国人民银行的规定,报送反洗钱统计报表、信息资料以及稽核审计报告中与反洗钱工作有关的内容。

第十八条 中国人民银行及其分支机构根据履行反洗钱职责的需要,可以采取下列措施进行反洗钱现场检查:

(一)进入金融机构进行检查;

(二)询问金融机构的工作人员,要求其对有关检查事项作出说明;

(三)查阅、复制金融机构与检查事项有关的文件、资料,并对可能被转移、销毁、隐匿或者篡改的文件资料予以封存;

(四)检查金融机构运用电子计算机管理业务数据的系统。

中国人民银行或者其分支机构实施现场检查前,应填写现场检查立项审批表,列明检查对象、检查内容、时间安排等内容,经中国人民银行或者其分支机构负责人批准后实施。

现场检查时,检查人员不得少于2人,并应出示执法证和检查通知书;检查人员少于2人或者未出示执法证和检查通知书的,金融机构有权拒绝检查。

现场检查后,中国人民银行或者其分支机构应当制作现场检查意见书,加盖公章,送达被检查机构。现场检查意见书的内容包括检查情况、检查评价、改进意见与措施。

第十九条 中国人民银行及其分支机构根据履行反洗钱职责的需要,可以与金融机构董事、高级管理人员谈话,要求其就金融机构履行反洗钱义务的重大事项作出说明。

第二十条 中国人民银行对金融机构实施现场检查,必要时将检查情况通报中国银行业监督管理委员会、中国证券监督管理委员会或者中国保险监督管理委员会。

第二十一条 中国人民银行或者其省一级分支机构发现可疑交易活动

需要调查核实的,可以向金融机构调查可疑交易活动涉及的客户账户信息、交易记录和其他有关资料,金融机构及其工作人员应当予以配合。

前款所称中国人民银行或者其省一级分支机构包括中国人民银行总行、上海总部、分行、营业管理部、省会(首府)城市中心支行、副省级城市中心支行。

第二十二条 中国人民银行或者其省一级分支机构调查可疑交易活动,可以询问金融机构的工作人员,要求其说明情况;查阅、复制被调查的金融机构客户的账户信息、交易记录和其他有关资料;对可能被转移、隐藏、篡改或者毁损的文件、资料,可以封存。

调查可疑交易活动时,调查人员不得少于2人,并出示执法证和中国人民银行或者其省一级分支机构出具的调查通知书。查阅、复制、封存被调查的金融机构客户的账户信息、交易记录和其他有关资料,应当经中国人民银行或者其省一级分支机构负责人批准。调查人员违反规定程序的,金融机构有权拒绝调查。

询问应当制作询问笔录。询问笔录应当交被询问人核对。记载有遗漏或者差错的,被询问人可以要求补充或者更正。被询问人确认笔录无误后,应当签名或者盖章;调查人员也应当在笔录上签名。

调查人员封存文件、资料,应当会同在场的金融机构工作人员查点清楚,当场开列清单一式二份,由调查人员和在场的金融机构工作人员签名或者盖章,一份交金融机构,一份附卷备查。

第二十三条 经调查仍不能排除洗钱嫌疑的,应当立即向有管辖权的侦查机关报案。对客户要求将调查所涉及的账户资金转往境外的,金融机构应当立即向中国人民银行当地分支机构报告。经中国人民银行负责人批准,中国人民银行可以采取临时冻结措施,并以书面形式通知金融机构,金融机构接到通知后应当立即予以执行。

侦查机关接到报案后,认为需要继续冻结的,金融机构在接到侦查机关继续冻结的通知后,应当予以配合。侦查机关认为不需要继续冻结的,中国人民银行在接到侦查机关不需要继续冻结的通知后,应当立即以书面形式通知金融机构解除临时冻结。

临时冻结不得超过48小时。金融机构在按照中国人民银行的要求采取临时冻结措施后48小时内,未接到侦查机关继续冻结通知的,应当立即解除临时冻结。

第二十四条 中国人民银行及其分支机构从事反洗钱工作的人员有下列行为之一的,依法给予行政处分:

(一)违反规定进行检查、调查或者采取临时冻结措施的;

(二)泄露因反洗钱知悉的国家秘密、商业秘密或者个人隐私的;

(三)违反规定对有关机构和人员实施行政处罚的;

(四)其他不依法履行职责的行为。

第二十五条 金融机构违反本规定的,由中国人民银行或者其地市中心支行以上分支机构按照《中华人民共和国反洗钱法》第三十一条、第三十二条的规定进行处罚;区别不同情形,建议中国银行业监督管理委员会、中国证券监督管理委员会或者中国保险监督管理委员会采取下列措施:

(一)责令金融机构停业整顿或者吊销其经营许可证;

(二)取消金融机构直接负责的董事、高级管理人员和其他直接责任人员的任职资格、禁止其从事有关金融行业工作;

(三)责令金融机构对直接负责的董事、高级管理人员和其他直接责任人员给予纪律处分。

中国人民银行县(市)支行发现金融机构违反本规定的,应报告其上一级分支机构,由该分支机构按照前款规定进行处罚或提出建议。

第二十六条 中国人民银行和其地市中心支行以上分支机构对金融机构违反本规定的行为给予行政处罚的,应当遵守《中国人民银行行政处罚程序规定》的有关规定。

第二十七条 本规定自2007年1月1日起施行。2003年1月3日中国人民银行发布的《金融机构反洗钱规定》同时废止。

金融机构大额交易和可疑交易报告管理办法

(2016年12月28日中国人民银行令〔2016〕第3号公布 根据2018年7月26日中国人民银行令〔2018〕第2号《关于修改〈金融机构大额交易和可疑交易报告管理办法〉的决定》修正)

第一章 总 则

第一条 为了规范金融机构大额交易和可疑交易报告行为,根据《中华人民共和国反洗钱法》、《中华人民共和国中国人民银行法》、《中华人民共和国反恐怖主义法》等有关法律法规,制定本办法。

第二条 本办法适用于在中华人民共和国境内依法设立的下列金融机构:

(一)政策性银行、商业银行、农村合作银行、农村信用社、村镇银行。

(二)证券公司、期货公司、基金管理公司。

(三)保险公司、保险资产管理公司、保险专业代理公司、保险经纪公司。

(四)信托公司、金融资产管理公司、企业集团财务公司、金融租赁公司、汽车金融公司、消费金融公司、货币经纪公司、贷款公司。

(五)中国人民银行确定并公布的应当履行反洗钱义务的从事金融业务的其他机构。

第三条 金融机构应当履行大额交易和可疑交易报告义务,向中国反洗钱监测分析中心报送大额交易和可疑交易报告,接受中国人民银行及其分支机构的监督、检查。

第四条 金融机构应当通过其总部或者总部指定的一个机构,按本办法规定的路径和方式提交大额交易和可疑交易报告。

第二章 大额交易报告

第五条 金融机构应当报告下列大额交易：

（一）当日单笔或者累计交易人民币5万元以上（含5万元）、外币等值1万美元以上（含1万美元）的现金缴存、现金支取、现金结售汇、现钞兑换、现金汇款、现金票据解付及其他形式的现金收支。

（二）非自然人客户银行账户与其他的银行账户发生当日单笔或者累计交易人民币200万元以上（含200万元）、外币等值20万美元以上（含20万美元）的款项划转。

（三）自然人客户银行账户与其他的银行账户发生当日单笔或者累计交易人民币50万元以上（含50万元）、外币等值10万美元以上（含10万美元）的境内款项划转。

（四）自然人客户银行账户与其他的银行账户发生当日单笔或者累计交易人民币20万元以上（含20万元）、外币等值1万美元以上（含1万美元）的跨境款项划转。

累计交易金额以客户为单位，按资金收入或者支出单边累计计算并报告。中国人民银行另有规定的除外。

中国人民银行根据需要可以调整本条第一款规定的大额交易报告标准。

第六条 对同时符合两项以上大额交易标准的交易，金融机构应当分别提交大额交易报告。

第七条 对符合下列条件之一的大额交易，如未发现交易或行为可疑的，金融机构可以不报告：

（一）定期存款到期后，不直接提取或者划转，而是本金或者本金加全部或者部分利息续存入在同一金融机构开立的同一户名下的另一账户。

活期存款的本金或者本金加全部或者部分利息转为在同一金融机构开立的同一户名下的另一账户内的定期存款。

定期存款的本金或者本金加全部或者部分利息转为在同一金融机构开立的同一户名下的另一账户内的活期存款。

（二）自然人实盘外汇买卖交易过程中不同外币币种间的转换。

（三）交易一方为各级党的机关、国家权力机关、行政机关、司法机关、军事机关、人民政协机关和人民解放军、武警部队,但不包含其下属的各类企事业单位。

（四）金融机构同业拆借、在银行间债券市场进行的债券交易。

（五）金融机构在黄金交易所进行的黄金交易。

（六）金融机构内部调拨资金。

（七）国际金融组织和外国政府贷款转贷业务项下的交易。

（八）国际金融组织和外国政府贷款项下的债务掉期交易。

（九）政策性银行、商业银行、农村合作银行、农村信用社、村镇银行办理的税收、错账冲正、利息支付。

（十）中国人民银行确定的其他情形。

第八条　金融机构应当在大额交易发生之日起5个工作日内以电子方式提交大额交易报告。

第九条　下列金融机构与客户进行金融交易并通过银行账户划转款项的,由银行机构按照本办法规定提交大额交易报告:

（一）证券公司、期货公司、基金管理公司。

（二）保险公司、保险资产管理公司、保险专业代理公司、保险经纪公司。

（三）信托公司、金融资产管理公司、企业集团财务公司、金融租赁公司、汽车金融公司、消费金融公司、货币经纪公司、贷款公司。

第十条　客户通过在境内金融机构开立的账户或者境内银行卡所发生的大额交易,由开立账户的金融机构或者发卡银行报告;客户通过境外银行卡所发生的大额交易,由收单机构报告;客户不通过账户或者银行卡发生的大额交易,由办理业务的金融机构报告。

第三章　可疑交易报告

第十一条　金融机构发现或者有合理理由怀疑客户、客户的资金或者其他资产、客户的交易或者试图进行的交易与洗钱、恐怖融资等犯罪活动相关的,不论所涉资金金额或者资产价值大小,应当提交可疑交易报告。

第十二条　金融机构应当制定本机构的交易监测标准,并对其有效性负责。交易监测标准包括并不限于客户的身份、行为,交易的资金来源、金额、频率、流向、性质等存在异常的情形,并应当参考以下因素:

（一）中国人民银行及其分支机构发布的反洗钱、反恐怖融资规定及指引、风险提示、洗钱类型分析报告和风险评估报告。

（二）公安机关、司法机关发布的犯罪形势分析、风险提示、犯罪类型报告和工作报告。

（三）本机构的资产规模、地域分布、业务特点、客户群体、交易特征，洗钱和恐怖融资风险评估结论。

（四）中国人民银行及其分支机构出具的反洗钱监管意见。

（五）中国人民银行要求关注的其他因素。

第十三条 金融机构应当定期对交易监测标准进行评估，并根据评估结果完善交易监测标准。如发生突发情况或者应当关注的情况的，金融机构应当及时评估和完善交易监测标准。

第十四条 金融机构应当对通过交易监测标准筛选出的交易进行人工分析、识别，并记录分析过程；不作为可疑交易报告的，应当记录分析排除的合理理由；确认为可疑交易的，应当在可疑交易报告理由中完整记录对客户身份特征、交易特征或行为特征的分析过程。

第十五条 金融机构应当在按本机构可疑交易报告内部操作规程确认为可疑交易后，及时以电子方式提交可疑交易报告。

第十六条 既属于大额交易又属于可疑交易的交易，金融机构应当分别提交大额交易报告和可疑交易报告。

第十七条 可疑交易符合下列情形之一的，金融机构应当在向中国反洗钱监测分析中心提交可疑交易报告的同时，以电子形式或书面形式向所在地中国人民银行或者其分支机构报告，并配合反洗钱调查：

（一）明显涉嫌洗钱、恐怖融资等犯罪活动的。

（二）严重危害国家安全或者影响社会稳定的。

（三）其他情节严重或者情况紧急的情形。

第十八条 金融机构应当对下列恐怖活动组织及恐怖活动人员名单开展实时监测，有合理由怀疑客户或者其交易对手、资金或者其他资产与名单相关的，应当在立即向中国反洗钱监测分析中心提交可疑交易报告的同时，以电子形式或书面形式向所在地中国人民银行或者其分支机构报告，并按照相关主管部门的要求依法采取措施。

（一）中国政府发布的或者要求执行的恐怖活动组织及恐怖活动人员

名单。

（二）联合国安理会决议中所列的恐怖活动组织及恐怖活动人员名单。

（三）中国人民银行要求关注的其他涉嫌恐怖活动的组织及人员名单。

恐怖活动组织及恐怖活动人员名单调整的，金融机构应当立即开展回溯性调查，并按前款规定提交可疑交易报告。

法律、行政法规、规章对上述名单的监控另有规定的，从其规定。

第四章　内部管理措施

第十九条　金融机构应当根据本办法制定大额交易和可疑交易报告内部管理制度和操作规程，对本机构的大额交易和可疑交易报告工作做出统一要求，并对分支机构、附属机构大额交易和可疑交易报告制度的执行情况进行监督管理。

金融机构应当将大额交易和可疑交易报告制度向中国人民银行或其总部所在地的中国人民银行分支机构报备。

第二十条　金融机构应当设立专职的反洗钱岗位，配备专职人员负责大额交易和可疑交易报告工作，并提供必要的资源保障和信息支持。

第二十一条　金融机构应当建立健全大额交易和可疑交易监测系统，以客户为基本单位开展资金交易的监测分析，全面、完整、准确地采集各业务系统的客户身份信息和交易信息，保障大额交易和可疑交易监测分析的数据需求。

第二十二条　金融机构应当按照完整准确、安全保密的原则，将大额交易和可疑交易报告、反映交易分析和内部处理情况的工作记录等资料自生成之日起至少保存5年。

保存的信息资料涉及正在被反洗钱调查的可疑交易活动，且反洗钱调查工作在前款规定的最低保存期届满时仍未结束的，金融机构应将其保存至反洗钱调查工作结束。

第二十三条　金融机构及其工作人员应当对依法履行大额交易和可疑交易报告义务获得的客户身份资料和交易信息，对依法监测、分析、报告可疑交易的有关情况予以保密，不得违反规定向任何单位和个人提供。

第五章 法　律　责　任

第二十四条　金融机构违反本办法的，由中国人民银行或者其地市中心支行以上分支机构按照《中华人民共和国反洗钱法》第三十一条、第三十二条的规定予以处罚。

第六章 附　　　则

第二十五条　非银行支付机构、从事汇兑业务和基金销售业务的机构报告大额交易和可疑交易适用本办法。银行卡清算机构、资金清算中心等从事清算业务的机构应当按照中国人民银行有关规定开展交易监测分析、报告工作。

本办法所称非银行支付机构，是指根据《非金融机构支付服务管理办法》（中国人民银行令〔2010〕第 2 号发布）规定取得《支付业务许可证》的支付机构。

本办法所称资金清算中心，包括城市商业银行资金清算中心、农信银资金清算中心有限责任公司及中国人民银行确定的其他资金清算中心。

第二十六条　本办法所称非自然人，包括法人、其他组织和个体工商户。

第二十七条　金融机构应当按照本办法所附的大额交易和可疑交易报告要素要求（要素内容见附件），制作大额交易报告和可疑交易报告的电子文件。具体的报告格式和填报要求由中国人民银行另行规定。

第二十八条　中国反洗钱监测分析中心发现金融机构报送的大额交易报告或者可疑交易报告内容要素不全或者存在错误的，可以向提交报告的金融机构发出补正通知，金融机构应当在接到补正通知之日起 5 个工作日内补正。

第二十九条　本办法由中国人民银行负责解释。

第三十条　本办法自 2017 年 7 月 1 日起施行。中国人民银行 2006 年 11 月 14 日发布的《金融机构大额交易和可疑交易报告管理办法》（中国人民银行令〔2006〕第 2 号）和 2007 年 6 月 11 日发布的《金融机构报告涉嫌恐怖融资的可疑交易管理办法》(中国人民银行令〔2007〕第1号)同时废止。中国人民银行此前发布的大额交易和可疑交易报告的其他规定,与本办法不一致的,以本办法为准。

附:金融机构大额交易和可疑交易报告要素内容(略)

金融机构反洗钱和反恐怖融资监督管理办法

(2021年4月15日中国人民银行令〔2021〕第3号发布 自2021年8月1日起施行)

第一章 总 则

第一条 为了督促金融机构有效履行反洗钱和反恐怖融资义务,规范反洗钱和反恐怖融资监督管理行为,根据《中华人民共和国反洗钱法》《中华人民共和国中国人民银行法》《中华人民共和国反恐怖主义法》等法律法规,制定本办法。

第二条 本办法适用于在中华人民共和国境内依法设立的下列金融机构:

(一)开发性金融机构、政策性银行、商业银行、农村合作银行、农村信用合作社、村镇银行;

(二)证券公司、期货公司、证券投资基金管理公司;

(三)保险公司、保险资产管理公司;

(四)信托公司、金融资产管理公司、企业集团财务公司、金融租赁公司、汽车金融公司、消费金融公司、货币经纪公司、贷款公司、银行理财子公司;

(五)中国人民银行确定并公布应当履行反洗钱和反恐怖融资义务的其他金融机构。

非银行支付机构、银行卡清算机构、资金清算中心、网络小额贷款公司以及从事汇兑业务、基金销售业务、保险专业代理和保险经纪业务的机构,适用本办法关于金融机构的监督管理规定。

第三条 中国人民银行及其分支机构依法对金融机构反洗钱和反恐怖融资工作进行监督管理。

第四条 金融机构应当按照规定建立健全反洗钱和反恐怖融资内部控制制度,评估洗钱和恐怖融资风险,建立与风险状况和经营规模相适应的风险管理机制,搭建反洗钱信息系统,设立或者指定部门并配备相应人员,有效履行反洗钱和反恐怖融资义务。

第五条 对依法履行反洗钱和反恐怖融资职责或者义务获得的客户身份资料和交易信息,应当予以保密,非依法律规定不得对外提供。

第二章 金融机构反洗钱和反恐怖融资内部控制和风险管理

第六条 金融机构应当按照规定,结合本机构经营规模以及洗钱和恐怖融资风险状况,建立健全反洗钱和反恐怖融资内部控制制度。

第七条 金融机构应当在总部层面建立洗钱和恐怖融资风险自评估制度,定期或不定期评估洗钱和恐怖融资风险,经董事会或者高级管理层审定之日起 10 个工作日内,将自评估情况报送中国人民银行或者所在地中国人民银行分支机构。

金融机构洗钱和恐怖融资风险自评估应当与本机构经营规模和业务特征相适应,充分考虑客户、地域、业务、交易渠道等方面的风险要素类型及其变化情况,并吸收运用国家洗钱和恐怖融资风险评估报告、监管部门及自律组织的指引等。金融机构在采用新技术、开办新业务或者提供新产品、新服务前,或者其面临的洗钱或者恐怖融资风险发生显著变化时,应当进行洗钱和恐怖融资风险评估。

金融机构应当定期审查和不断优化洗钱和恐怖融资风险评估工作流程和指标体系。

第八条 金融机构应当根据本机构经营规模和已识别出的洗钱和恐怖融资风险状况,经董事会或者高级管理层批准,制定相应的风险管理政策,并根据风险状况变化和控制措施执行情况及时调整。

金融机构应当将洗钱和恐怖融资风险管理纳入本机构全面风险管理体系,覆盖各项业务活动和管理流程;针对识别的较高风险情形,应当采取强化措施,管理和降低风险;针对识别的较低风险情形,可以采取简化措施;超出金融机构风险控制能力的,不得与客户建立业务关系或者进行交易,已经建立业务关系的,应当中止交易并考虑提交可疑交易报告,必要时终止业务关系。

第九条 金融机构应当设立专门部门或者指定内设部门牵头开展反洗钱和反恐怖融资管理工作。

金融机构应当明确董事会、监事会、高级管理层和相关部门的反洗钱和反恐怖融资职责,建立相应的绩效考核和奖惩机制。

金融机构应当任命或者授权一名高级管理人员牵头负责反洗钱和反恐怖融资管理工作,并采取合理措施确保其独立开展工作以及充分获取履职所需权限和资源。

金融机构应当根据本机构经营规模、洗钱和恐怖融资风险状况和业务发展趋势配备充足的反洗钱岗位人员,采取适当措施确保反洗钱岗位人员的资质、经验、专业素质及职业道德符合要求,制定持续的反洗钱和反恐怖融资培训计划。

第十条 金融机构应当根据反洗钱和反恐怖融资工作需要,建立和完善相关信息系统,并根据风险状况、反洗钱和反恐怖融资工作需求变化及时优化升级。

第十一条 金融机构应当建立反洗钱和反恐怖融资审计机制,通过内部审计或者独立审计等方式,审查反洗钱和反恐怖融资内部控制制度制定和执行情况。审计应当遵循独立性原则,全面覆盖境内外分支机构、控股附属机构,审计的范围、方法和频率应当与本机构经营规模及洗钱和恐怖融资风险状况相适应,审计报告应当向董事会或者其授权的专门委员会提交。

第十二条 金融机构应当在总部层面制定统一的反洗钱和反恐怖融资机制安排,包括为开展客户尽职调查、洗钱和恐怖融资风险管理,共享反洗钱和反恐怖融资信息的制度和程序,并确保其所有分支机构和控股附属机构结合自身业务特点有效执行。

金融机构在共享和使用反洗钱和反恐怖融资信息方面应当依法提供信息并防止信息泄露。

第十三条　金融机构应当要求其境外分支机构和控股附属机构在驻在国家(地区)法律规定允许的范围内,执行本办法;驻在国家(地区)有更严格要求的,遵守其规定。

如果本办法的要求比驻在国家(地区)的相关规定更为严格,但驻在国家(地区)法律禁止或者限制境外分支机构和控股附属机构实施本办法的,金融机构应当采取适当的补充措施应对洗钱和恐怖融资风险,并向中国人民银行报告。

第十四条　金融机构应当按照规定,结合内部控制制度和风险管理机制的相关要求,履行客户尽职调查、客户身份资料和交易记录保存、大额交易和可疑交易报告等义务。

第十五条　金融机构应当按照中国人民银行的规定报送反洗钱和反恐怖融资工作信息。金融机构应当对相关信息的真实性、完整性、有效性负责。

第十六条　在境外设有分支机构或控股附属机构的,境内金融机构总部应当按年度向中国人民银行或者所在地中国人民银行分支机构报告境外分支机构或控股附属机构接受驻在国家(地区)反洗钱和反恐怖融资监管情况。

第十七条　发生下列情况的,金融机构应当按照规定及时向中国人民银行或者所在地中国人民银行分支机构报告:

(一)制定或者修订主要反洗钱和反恐怖融资内部控制制度的;

(二)牵头负责反洗钱和反恐怖融资工作的高级管理人员、牵头管理部门或者部门主要负责人调整的;

(三)发生涉及反洗钱和反恐怖融资工作的重大风险事项的;

(四)境外分支机构和控股附属机构受到当地监管当局或者司法部门开展的与反洗钱和反恐怖融资相关的执法检查、行政处罚、刑事调查或者发生其他重大风险事件的;

(五)中国人民银行要求报告的其他事项。

第三章 反洗钱和反恐怖融资监督管理

第十八条 中国人民银行及其分支机构应当遵循风险为本和法人监管原则，合理运用各类监管方法，实现对不同类型金融机构的有效监管。

中国人民银行及其分支机构可以向国务院金融监督管理机构或者其派出机构通报对金融机构反洗钱和反恐怖融资监管情况。

第十九条 根据履行反洗钱和反恐怖融资职责的需要，中国人民银行及其分支机构可以按照规定程序，对金融机构履行反洗钱和反恐怖融资义务的情况开展执法检查。

中国人民银行及其分支机构可以对其下级机构负责监督管理的金融机构进行反洗钱和反恐怖融资执法检查，可以授权下级机构检查由上级机构负责监督管理的金融机构。

第二十条 中国人民银行及其分支机构开展反洗钱和反恐怖融资执法检查，应当依据现行反洗钱和反恐怖融资规定，按照中国人民银行执法检查有关程序规定组织实施。

第二十一条 中国人民银行及其分支机构应当根据执法检查有关程序规定，规范有效地开展执法检查工作，重点加强对以下机构的监督管理：

（一）涉及洗钱和恐怖融资案件的机构；

（二）洗钱和恐怖融资风险较高的机构；

（三）通过日常监管、受理举报投诉等方式，发现存在重大违法违规线索的机构；

（四）其他应当重点监管的机构。

第二十二条 中国人民银行及其分支机构进入金融机构现场开展反洗钱和反恐怖融资检查的，按照规定可以询问金融机构工作人员，要求其对监管事项作出说明；查阅、复制文件、资料，对可能被转移、隐匿或者销毁的文件、资料予以封存；查验金融机构运用信息化、数字化管理业务数据和进行洗钱和恐怖融资风险管理的系统。

第二十三条 中国人民银行及其分支机构应当根据金融机构报送的反洗钱和反恐怖融资工作信息，结合日常监管中获得的其他信息，对金融机构反洗钱和反恐怖融资制度的建立健全情况和执行情况进行评价。

第二十四条 为了有效实施风险为本监管,中国人民银行及其分支机构应当结合国家、地区、行业的洗钱和恐怖融资风险评估情况,在采集金融机构反洗钱和反恐怖融资信息的基础上,对金融机构开展风险评估,及时、准确掌握金融机构洗钱和恐怖融资风险状况。

第二十五条 为了解金融机构洗钱和恐怖融资风险状况,中国人民银行及其分支机构可以对金融机构开展洗钱和恐怖融资风险现场评估。

中国人民银行及其分支机构开展现场风险评估应当填制《反洗钱监管审批表》(附1)及《反洗钱监管通知书》(附2),经本行(营业管理部)行长(主任)或者分管副行长(副主任)批准后,至少提前5个工作日将《反洗钱监管通知书》送达被评估的金融机构。

中国人民银行及其分支机构可以要求被评估的金融机构提供必要的资料数据,也可以现场采集评估需要的信息。

在开展现场风险评估时,中国人民银行及其分支机构的反洗钱工作人员不得少于2人,并出示合法证件。

现场风险评估结束后,中国人民银行及其分支机构应当制发《反洗钱监管意见书》(附3),将风险评估结论和发现的问题反馈被评估的金融机构。

第二十六条 根据金融机构合规情况和风险状况,中国人民银行及其分支机构可以采取监管提示、约见谈话、监管走访等措施。在监管过程中,发现金融机构存在较高洗钱和恐怖融资风险或者涉嫌违反反洗钱和反恐怖融资规定的,中国人民银行及其分支机构应当及时开展执法检查。

第二十七条 金融机构存在洗钱和恐怖融资风险隐患,或者反洗钱和反恐怖融资工作存在明显漏洞,需要提示金融机构关注的,经中国人民银行或其分支机构反洗钱部门负责人批准,可以向该金融机构发出《反洗钱监管提示函》(附4),要求其采取必要的管控措施,督促其整改。

金融机构应当自收到《反洗钱监管提示函》之日起20个工作日内,经本机构分管反洗钱和反恐怖融资工作负责人签批后作出书面答复;不能及时作出答复的,经中国人民银行或其所在地中国人民银行分支机构同意后,在延长时限内作出答复。

第二十八条 根据履行反洗钱和反恐怖融资职责的需要,针对金融机构反洗钱和反恐怖融资义务履行不到位、突出风险事件等重要问题,中国人民银行及其分支机构可以约见金融机构董事、监事、高级管理人员或者部门负责人进行谈话。

第二十九条　中国人民银行及其分支机构进行约见谈话前,应当填制《反洗钱监管审批表》及《反洗钱监管通知书》。约见金融机构董事、监事、高级管理人员,应当经本行(营业管理部)行长(主任)或者分管副行长(副主任)批准;约见金融机构部门负责人的,应当经本行(营业管理部)反洗钱部门负责人批准。

《反洗钱监管通知书》应当至少提前2个工作日送达被谈话机构。情况特殊需要立即进行约见谈话的,应当在约见谈话现场送达《反洗钱监管通知书》。

约见谈话时,中国人民银行及其分支机构反洗钱工作人员不得少于2人。谈话结束后,应当填写《反洗钱约谈记录》(附5)并经被谈话人签字确认。

第三十条　为了解、核实金融机构反洗钱和反恐怖融资政策执行情况以及监管意见整改情况,中国人民银行及其分支机构可以对金融机构开展监管走访。

第三十一条　中国人民银行及其分支机构进行监管走访前,应当填制《反洗钱监管审批表》及《反洗钱监管通知书》,由本行(营业管理部)行长(主任)或者分管副行长(副主任)批准。

《反洗钱监管通知书》应当至少提前5个工作日送达金融机构。情况特殊需要立即实施监管走访的,应当在进入金融机构现场时送达《反洗钱监管通知书》。

监管走访时,中国人民银行及其分支机构反洗钱工作人员不得少于2人,并出示合法证件。

中国人民银行及其分支机构应当做好监管走访记录,必要时,可以制发《反洗钱监管意见书》。

第三十二条　中国人民银行及其分支机构应当持续跟踪金融机构对监管发现问题的整改情况,对于未合理制定整改计划或者未有效实施整改的,可以启动执法检查或者进一步采取其他监管措施。

第三十三条　中国人民银行分支机构对金融机构分支机构依法实施行政处罚,或者在监管过程中发现涉及金融机构总部的重大问题、系统性缺陷的,应当及时将处罚决定或者监管意见抄送中国人民银行或者金融机构总部所在地中国人民银行分支机构。

第三十四条 中国人民银行及其分支机构监管人员违反规定程序或者超越职权规定实施监管的,金融机构有权拒绝或者提出异议。金融机构对中国人民银行及其分支机构提出的违法违规问题有权提出申辩,有合理理由的,中国人民银行及其分支机构应当采纳。

第四章 法律责任

第三十五条 中国人民银行及其分支机构从事反洗钱工作的人员,违反本办法有关规定的,按照《中华人民共和国反洗钱法》第三十条的规定予以处分。

第三十六条 金融机构违反本办法有关规定的,由中国人民银行或者其地市中心支行以上分支机构按照《中华人民共和国反洗钱法》第三十一条、第三十二条的规定进行处理;区别不同情形,建议国务院金融监督管理机构依法予以处理。

中国人民银行县(市)支行发现金融机构违反本规定的,应报告其上一级分支机构,由该分支机构按照前款规定进行处理或提出建议。

第五章 附 则

第三十七条 金融集团适用本办法第九条第四款、第十一条至第十三条的规定。

第三十八条 本办法由中国人民银行负责解释。

第三十九条 本办法自2021年8月1日起施行。本办法施行前有关反洗钱和反恐怖融资规定与本办法不一致的,按照本办法执行。《金融机构反洗钱监督管理办法(试行)》(银发〔2014〕344号文印发)同时废止。

附:(略)

银行业金融机构反洗钱和反恐怖融资管理办法

(2019年1月29日中国银行保险监督管理委员会令第1号公布施行)

第一章 总 则

第一条 为预防洗钱和恐怖融资活动,做好银行业金融机构反洗钱和反恐怖融资工作,根据《中华人民共和国银行业监督管理法》《中华人民共和国反洗钱法》《中华人民共和国反恐怖主义法》等有关法律、行政法规,制定本办法。

第二条 国务院银行业监督管理机构根据法律、行政法规规定,配合国务院反洗钱行政主管部门,履行银行业金融机构反洗钱和反恐怖融资监督管理职责。

国务院银行业监督管理机构的派出机构根据法律、行政法规及本办法的规定,负责辖内银行业金融机构反洗钱和反恐怖融资监督管理工作。

第三条 本办法所称银行业金融机构,是指在中华人民共和国境内设立的商业银行、农村合作银行、农村信用合作社等吸收公众存款的金融机构以及政策性银行和国家开发银行。

对在中华人民共和国境内设立的金融资产管理公司、信托公司、企业集团财务公司、金融租赁公司、汽车金融公司、货币经纪公司、消费金融公司以及经国务院银行业监督管理机构批准设立的其他金融机构的反洗钱和反恐怖融资管理,参照本办法对银行业金融机构的规定执行。

第四条 银行业金融机构境外分支机构和附属机构,应当遵循驻在国家(地区)反洗钱和反恐怖融资方面的法律规定,协助配合驻在国家(地区)监管机构的工作,同时在驻在国家(地区)法律规定允许的范围内,执行本办法的有关要求。

驻在国家(地区)不允许执行本办法的有关要求的,银行业金融机构应当采取适当的额外措施应对洗钱和恐怖融资风险,并向国务院银行业监督管理机构报告。

第二章 银行业金融机构反洗钱和反恐怖融资义务

第五条 银行业金融机构应当建立健全洗钱和恐怖融资风险管理体系,全面识别和评估自身面临的洗钱和恐怖融资风险,采取与风险相适应的政策和程序。

第六条 银行业金融机构应当将洗钱和恐怖融资风险管理纳入全面风险管理体系,将反洗钱和反恐怖融资要求嵌入合规管理、内部控制制度,确保洗钱和恐怖融资风险管理体系能够全面覆盖各项产品及服务。

第七条 银行业金融机构应当依法建立反洗钱和反恐怖融资内部控制制度,并对分支机构和附属机构的执行情况进行管理。反洗钱和反恐怖融资内部控制制度应当包括下列内容:

(一)反洗钱和反恐怖融资内部控制职责划分;
(二)反洗钱和反恐怖融资内部控制措施;
(三)反洗钱和反恐怖融资内部控制评价机制;
(四)反洗钱和反恐怖融资内部控制监督制度;
(五)重大洗钱和恐怖融资风险事件应急处置机制;
(六)反洗钱和反恐怖融资工作信息保密制度;
(七)国务院银行业监督管理机构及国务院反洗钱行政主管部门规定的其他内容。

第八条 银行业金融机构应当建立组织架构健全、职责边界清晰的洗钱和恐怖融资风险治理架构,明确董事会、监事会、高级管理层、业务部门、反洗钱和反恐怖融资管理部门和内审部门等在洗钱和恐怖融资风险管理中的职责分工。

第九条 银行业金融机构董事会应当对反洗钱和反恐怖融资工作承担最终责任。

第十条 银行业金融机构的高级管理层应当承担洗钱和恐怖融资风险管理的实施责任。

银行业金融机构应当任命或者授权一名高级管理人员牵头负责洗钱和恐怖融资风险管理工作,其有权独立开展工作。银行业金融机构应当确保其能够充分获取履职所需的权限和资源,避免可能影响其履职的利益冲突。

第十一条 银行业金融机构应当设立反洗钱和反恐怖融资专门机构或者指定内设机构负责反洗钱和反恐怖融资管理工作。反洗钱和反恐怖融资管理部门应当设立专门的反洗钱和反恐怖融资岗位,并配备足够人员。

银行业金融机构应当明确相关业务部门的反洗钱和反恐怖融资职责,保证反洗钱和反恐怖融资内部控制制度在业务流程中的贯彻执行。

第十二条 银行业金融机构应当按照规定建立健全和执行客户身份识别制度,遵循"了解你的客户"的原则,针对不同客户、业务关系或者交易,采取有效措施,识别和核实客户身份,了解客户及其建立、维持业务关系的目的和性质,了解非自然人客户受益所有人。在与客户的业务关系存续期间,银行业金融机构应当采取持续的客户身份识别措施。

第十三条 银行业金融机构应当按照规定建立健全和执行客户身份资料和交易记录保存制度,妥善保存客户身份资料和交易记录,确保能重现该项交易,以提供监测分析交易情况、调查可疑交易活动和查处洗钱案件所需的信息。

第十四条 银行业金融机构应当按照规定建立健全和执行大额交易和可疑交易报告制度。

第十五条 银行业金融机构与金融机构开展业务合作时,应当在合作协议中明确双方的反洗钱和反恐怖融资职责,承担相应的法律义务,相互间提供必要的协助,采取有效的风险管控措施。

第十六条 银行业金融机构解散、撤销或者破产时,应当将客户身份资料和交易记录移交国务院有关部门指定的机构。

第十七条 银行业金融机构应当按照客户特点或者账户属性,以客户为单位合理确定洗钱和恐怖融资风险等级,根据风险状况采取相应的控制措施,并在持续关注的基础上适时调整风险等级。

第十八条 银行业金融机构应当建立健全和执行洗钱和恐怖融资风险

自评估制度,对本机构的内外部洗钱和恐怖融资风险及相关风险控制措施有效性进行评估。

银行业金融机构开展新业务、应用新技术之前应当进行洗钱和恐怖融资风险评估。

第十九条 银行业金融机构应当建立反恐怖融资管理机制,按照国家反恐怖主义工作领导机构发布的恐怖活动组织及恐怖活动人员名单、冻结资产的决定,依法对相关资产采取冻结措施。

银行业金融机构应当根据监管要求密切关注涉恐人员名单,及时对本机构客户和交易进行风险排查,依法采取相应措施。

第二十条 银行业金融机构应当依法执行联合国安理会制裁决议要求。

第二十一条 银行业金融机构应当每年开展反洗钱和反恐怖融资内部审计,内部审计可以是专项审计,或者与其他审计项目结合进行。

第二十二条 对依法履行反洗钱和反恐怖融资义务获得的客户身份资料和交易信息,银行业金融机构及其工作人员应当予以保密;非依法律规定,不得向任何单位和个人提供。

第二十三条 银行业金融机构应当将可量化的反洗钱和反恐怖融资控制指标嵌入信息系统,使风险信息能够在业务部门和反洗钱和反恐怖融资管理部门之间有效传递、集中和共享,满足对洗钱和恐怖融资风险进行预警、信息提取、分析和报告等各项要求。

第二十四条 银行业金融机构应当配合银行业监督管理机构做好反洗钱和反恐怖融资监督检查工作。

第二十五条 银行业金融机构应当按照法律、行政法规及银行业监督管理机构的相关规定,履行协助查询、冻结、扣划义务,配合公安机关、司法机关等做好洗钱和恐怖融资案件调查工作。

第二十六条 银行业金融机构应当做好境外洗钱和恐怖融资风险管控和合规经营工作。境外分支机构和附属机构要加强与境外监管当局的沟通,严格遵守境外反洗钱和反恐怖融资法律法规及相关监管要求。

银行业金融机构境外分支机构和附属机构受到当地监管部门或者司法部门现场检查、行政处罚、刑事调查或者发生其他重大风险事项时,应当及时向银行业监督管理机构报告。

第二十七条 银行业金融机构应当对跨境业务开展尽职调查和交易监

测工作,做好跨境业务洗钱风险、制裁风险和恐怖融资风险防控,严格落实代理行尽职调查与风险分类评级义务。

第二十八条 对依法履行反洗钱和反恐怖融资义务获得的客户身份资料和交易信息,非依法律、行政法规规定,银行业金融机构不得向境外提供。

银行业金融机构对于涉及跨境信息提供的相关问题应当及时向银行业监督管理机构报告,并按照法律法规要求采取相应措施。

第二十九条 银行业金融机构应当制定反洗钱和反恐怖融资培训制度,定期开展反洗钱和反恐怖融资培训。

第三十条 银行业金融机构应当开展反洗钱和反恐怖融资宣传,保存宣传资料和宣传工作记录。

第三章 监督管理

第三十一条 国务院银行业监督管理机构依法履行下列反洗钱和反恐怖融资监督管理职责:

(一)制定银行业金融机构反洗钱和反恐怖融资制度文件;

(二)督促指导银行业金融机构建立健全反洗钱和反恐怖融资内部控制制度;

(三)监督、检查银行业金融机构反洗钱和反恐怖融资内部控制制度建立执行情况;

(四)在市场准入工作中落实反洗钱和反恐怖融资审查要求;

(五)与其他国家或者地区的银行业监督管理机构开展反洗钱和反恐怖融资监管合作;

(六)指导银行业金融机构依法履行协助查询、冻结、扣划义务;

(七)转发联合国安理会相关制裁决议,依法督促银行业金融机构落实金融制裁要求;

(八)向侦查机关报送涉嫌洗钱和恐怖融资犯罪的交易活动,协助公安机关、司法机关等调查处理涉嫌洗钱和恐怖融资犯罪案件;

(九)指导银行业金融机构应对境外协助执行案件、跨境信息提供等相关工作;

(十)指导行业自律组织开展反洗钱和反恐怖融资工作;

(十一)组织开展反洗钱和反恐怖融资培训宣传工作;

(十二)其他依法应当履行的反洗钱和反恐怖融资职责。

第三十二条 银行业监督管理机构应当履行银行业反洗钱和反恐怖融资监管职责,加强反洗钱和反恐怖融资日常合规监管,构建涵盖事前、事中、事后的完整监管链条。

银行业监督管理机构与国务院反洗钱行政主管部门及其他相关部门要加强监管协调,建立信息共享机制。

第三十三条 银行业金融机构应当按照要求向银行业监督管理机构报送反洗钱和反恐怖融资制度、年度报告、重大风险事项等材料,并对报送材料的及时性以及内容的真实性负责。

报送材料的内容和格式由国务院银行业监督管理机构统一规定。

第三十四条 银行业监督管理机构应当在职责范围内对银行业金融机构反洗钱和反恐怖融资义务履行情况依法开展现场检查。现场检查可以开展专项检查,或者与其他检查项目结合进行。

银行业监督管理机构可以与反洗钱行政主管部门开展联合检查。

第三十五条 银行业监督管理机构应当在职责范围内对银行业金融机构反洗钱和反恐怖融资义务履行情况进行评价,并将评价结果作为对银行业金融机构进行监管评级的重要因素。

第三十六条 银行业监督管理机构在市场准入工作中应当依法对银行业金融机构法人机构设立、分支机构设立、股权变更、变更注册资本、调整业务范围和增加业务品种、董事及高级管理人员任职资格许可进行反洗钱和反恐怖融资审查,对不符合条件的,不予批准。

第三十七条 银行业监督管理机构在市场准入工作中应当严格审核发起人、股东、实际控制人、最终受益人和董事、高级管理人员背景,审查资金来源和渠道,从源头上防止不法分子通过创设机构进行洗钱、恐怖融资活动。

第三十八条 设立银行业金融机构应当符合以下反洗钱和反恐怖融资审查条件:

(一)投资资金来源合法;

(二)股东及其控股股东、实际控制人、关联方、一致行动人、最终受益人等各方关系清晰透明,不得有故意或重大过失犯罪记录;

(三)建立反洗钱和反恐怖融资内部控制制度;

（四）设置反洗钱和反恐怖融资专门工作机构或指定内设机构负责该项工作；

（五）配备反洗钱和反恐怖融资专业人员，专业人员接受了必要的反洗钱和反恐怖融资培训；

（六）信息系统建设满足反洗钱和反恐怖融资要求；

（七）国务院银行业监督管理机构规定的其他条件。

第三十九条 设立银行业金融机构境内分支机构应当符合下列反洗钱和反恐怖融资审查条件：

（一）总行具备健全的反洗钱和反恐怖融资内部控制制度并对分支机构具有良好的管控能力；

（二）总行的信息系统建设能够支持分支机构的反洗钱和反恐怖融资工作；

（三）拟设分支机构设置了反洗钱和反恐怖融资专门机构或指定内设机构负责反洗钱和反恐怖融资工作；

（四）拟设分支机构配备反洗钱和反恐怖融资专业人员，专业人员接受了必要的反洗钱和反恐怖融资培训；

（五）国务院银行业监督管理机构规定的其他条件。

第四十条 银行业金融机构申请投资设立、参股、收购境内法人金融机构的，申请人应当具备健全的反洗钱和反恐怖融资内部控制制度。

第四十一条 银行业金融机构申请投资设立、参股、收购境外金融机构的，应当具备健全的反洗钱和反恐怖融资内部控制制度，具有符合境外反洗钱和反恐怖融资监管要求的专业人才队伍。

第四十二条 银行业金融机构股东应当确保资金来源合法，不得以犯罪所得资金等不符合法律、行政法规及监管规定的资金入股。银行业金融机构应当知悉股东入股资金来源，在发生股权变更或者变更注册资本时应当按照要求向银行业监督管理机构报批或者报告。

第四十三条 银行业金融机构开展新业务需要经银行业监督管理机构批准的，应当提交新业务的洗钱和恐怖融资风险评估报告。银行业监督管理机构在进行业务准入时，应当对新业务的洗钱和恐怖融资风险评估情况进行审核。

第四十四条 申请银行业金融机构董事、高级管理人员任职资格，拟任

人应当具备以下条件:

(一)不得有故意或重大过失犯罪记录;

(二)熟悉反洗钱和反恐怖融资法律法规,接受了必要的反洗钱和反恐怖融资培训,通过银行业监督管理机构组织的包含反洗钱和反恐怖融资内容的任职资格测试。

须经任职资格审核的银行业金融机构境外机构董事、高级管理人员应当熟悉境外反洗钱和反恐怖融资法律法规,具备相应反洗钱和反恐怖融资履职能力。

银行业金融机构董事、高级管理人员任职资格申请材料中应当包括接受反洗钱和反恐怖融资培训情况报告及本人签字的履行反洗钱和反恐怖融资义务的承诺书。

第四十五条 国务院银行业监督管理机构的各省级派出机构应当于每年第一季度末按照要求向国务院银行业监督管理机构报送上年度反洗钱和反恐怖融资工作报告,包括反洗钱和反恐怖融资市场准入工作审核情况、现场检查及非现场监管情况、辖内银行业金融机构反洗钱和反恐怖融资工作情况等。

第四十六条 国务院银行业监督管理机构应当加强与境外监管当局的沟通与交流,通过签订监管合作协议、举行双边监管磋商和召开监管联席会议等形式加强跨境反洗钱和反恐怖融资监管合作。

第四十七条 银行业监督管理机构应当在职责范围内定期开展对银行业金融机构境外机构洗钱和恐怖融资风险管理情况的监测分析。监管机构应当将境外机构洗钱和恐怖融资风险管理情况作为与银行业金融机构监管会谈及外部审计会谈的重要内容。

第四十八条 银行业监督管理机构应当在职责范围内对银行业金融机构境外机构洗钱和恐怖融资风险管理情况依法开展现场检查,对存在问题的境外机构及时采取监管措施,并对违规机构依法依规进行处罚。

第四章 法律责任

第四十九条 银行业金融机构违反本办法规定,有下列情形之一的,银行业监督管理机构可以根据《中华人民共和国银行业监督管理法》规定采取监管措施或者对其进行处罚：

（一）未按规定建立反洗钱和反恐怖融资内部控制制度的；

（二）未有效执行反洗钱和反恐怖融资内部控制制度的；

（三）未按照规定设立反洗钱和反恐怖融资专门机构或者指定内设机构负责反洗钱和反恐怖融资工作的；

（四）未按照规定履行其他反洗钱和反恐怖融资义务的。

第五十条 银行业金融机构未按本办法第三十三条规定报送相关材料的，银行业监督管理机构可以根据《中华人民共和国银行业监督管理法》第四十六条、四十七条规定对其进行处罚。

第五十一条 对于反洗钱行政主管部门提出的处罚或者其他建议，银行业监督管理机构应当依法予以处理。

第五十二条 银行业金融机构或者其工作人员参与洗钱、恐怖融资等违法犯罪活动构成犯罪的，依法追究其刑事责任。

第五章 附 则

第五十三条 本办法由国务院银行业监督管理机构负责解释。

第五十四条 行业自律组织制定的反洗钱和反恐怖融资行业规则等应当向银行业监督管理机构报告。

第五十五条 本办法自公布之日起施行。

支付机构反洗钱和反恐怖融资管理办法

(2012年3月5日中国人民银行发布 银发〔2012〕54号 自2012年3月5日起施行)

第一章 总 则

第一条 为防范洗钱和恐怖融资活动,规范支付机构反洗钱和反恐怖融资工作,根据《中华人民共和国反洗钱法》、《非金融机构支付服务管理办法》(中国人民银行令〔2010〕第2号发布)等有关法律、法规和规章,制定本办法。

第二条 本办法所称支付机构是指依据《非金融机构支付服务管理办法》取得《支付业务许可证》的非金融机构。

第三条 中国人民银行是国务院反洗钱行政主管部门,对支付机构依法履行下列反洗钱和反恐怖融资监督管理职责:

(一)制定支付机构反洗钱和反恐怖融资管理办法;

(二)负责支付机构反洗钱和反恐怖融资的资金监测;

(三)监督、检查支付机构履行反洗钱和反恐怖融资义务的情况;

(四)在职责范围内调查可疑交易活动;

(五)国务院规定的其他有关职责。

第四条 中国反洗钱监测分析中心负责支付机构可疑交易报告的接收、分析和保存,并按照规定向中国人民银行报告分析结果,履行中国人民银行规定的其他职责。

第五条 支付机构总部应当依法建立健全统一的反洗钱和反恐怖融资内部控制制度,并报总部所在地的中国人民银行分支机构备案。反洗钱和反恐怖融资内部控制制度应当包括下列内容:

（一）客户身份识别措施；
（二）客户身份资料和交易记录保存措施；
（三）可疑交易标准和分析报告程序；
（四）反洗钱和反恐怖融资内部审计、培训和宣传措施；
（五）配合反洗钱和反恐怖融资调查的内部程序；
（六）反洗钱和反恐怖融资工作保密措施；
（七）其他防范洗钱和恐怖融资风险的措施。

支付机构及其分支机构的负责人应当对反洗钱和反恐怖融资内部控制制度的有效实施负责。支付机构应当对其分支机构反洗钱和反恐怖融资内部控制制度的执行情况进行监督管理。

第六条 支付机构应当设立专门机构或者指定内设机构负责反洗钱和反恐怖融资工作，并设立专门的反洗钱和反恐怖融资岗位。

第七条 支付机构应要求其境外分支机构和附属机构在驻在国家（地区）法律规定允许的范围内，执行本办法有关客户身份识别、客户身份资料和交易记录保存工作的要求，驻在国家（地区）有更严格要求的，遵守其规定。如果本办法的要求比驻在国家（地区）的相关规定更为严格，但驻在国家（地区）法律禁止或者限制境外分支机构和附属机构实施本办法，支付机构应向中国人民银行报告。

第八条 支付机构与境外机构建立代理业务关系时，应当充分收集有关境外机构业务、声誉、内部控制制度、接受监管情况等方面的信息，评估境外机构反洗钱和反恐怖融资措施的健全性和有效性，并以书面协议明确本机构与境外机构在反洗钱和反恐怖融资方面的责任和义务。

第九条 支付机构及其工作人员对依法履行反洗钱和反恐怖融资义务获得的客户身份资料和交易信息应当予以保密；非依法律规定，不得向任何单位和个人提供。

支付机构及其工作人员应当对报告可疑交易、配合中国人民银行及其分支机构调查可疑交易活动等有关反洗钱和反恐怖融资工作信息予以保密，不得违反规定向客户和其他人员提供。

第二章　客户身份识别

第十条　支付机构应当勤勉尽责，建立健全客户身份识别制度，遵循"了解你的客户"原则，针对具有不同洗钱或者恐怖融资风险特征的客户、业务关系或者交易应采取相应的合理措施，了解客户及其交易目的和交易性质，了解实际控制客户的自然人和交易的实际受益人。

第十一条　网络支付机构在为客户开立支付账户时，应当识别客户身份，登记客户身份基本信息，通过合理手段核对客户基本信息的真实性。

客户为单位客户的，应核对客户有效身份证件，并留存有效身份证件的复印件或者影印件。

客户为个人客户的，出现下列情形时，应核对客户有效身份证件，并留存有效身份证件的复印件或者影印件。

（一）个人客户办理单笔收付金额人民币1万元以上或者外币等值1000美元以上支付业务的；

（二）个人客户全部账户30天内资金双边收付金额累计人民币5万元以上或外币等值1万美元以上的；

（三）个人客户全部账户资金余额连续10天超过人民币5000元或外币等值1000美元的；

（四）通过取得网上金融产品销售资质的网络支付机构买卖金融产品的；

（五）中国人民银行规定的其他情形。

第十二条　网络支付机构在为同一客户开立多个支付账户时，应采取有效措施建立支付账户间的关联关系，按照客户进行统一管理。

第十三条　网络支付机构在向未开立支付账户的客户办理支付业务时，如单笔资金收付金额人民币1万元以上或者外币等值1000美元以上的，应在办理业务前要求客户登记本人的姓名、有效身份证件种类、号码和有效期限，并通过合理手段核对客户有效身份证件信息的真实性。

第十四条　网络支付机构与特约商户建立业务关系时，应当识别特约商户身份，了解特约商户的基本情况，登记特约商户身份基本信息，核实特约商户有效身份证件，并留存特约商户有效身份证件的复印件或者影印件。

第十五条 预付卡机构在向购卡人出售记名预付卡或一次性金额人民币1万元以上的不记名预付卡时,应当识别购卡人身份,登记购卡人身份基本信息,核对购卡人有效身份证件,并留存购卡人有效身份证件的复印件或者影印件。

代理他人购买记名预付卡的,预付卡机构应采取合理方式确认代理关系的存在,在对被代理人采取前款规定的客户身份识别措施时,还应当登记代理人身份基本信息,核对代理人有效身份证件,并留存代理人有效身份证件的复印件或者影印件。

第十六条 预付卡机构在与特约商户建立业务关系时,应当识别特约商户身份,了解特约商户的基本情况,登记特约商户身份基本信息,核实特约商户有效身份证件,并留存特约商户有效身份证件的复印件或者影印件。

第十七条 预付卡机构办理记名预付卡或一次性金额人民币1万元以上不记名预付卡充值业务时,应当识别办理人员的身份,登记办理人员身份基本信息,核对办理人员有效身份证件,并留存办理人员有效身份证件的复印件或者影印件。

第十八条 预付卡机构办理赎回业务时,应当识别赎回人的身份,登记赎回人身份基本信息,核对赎回人有效身份证件,并留存赎回人有效身份证件的复印件或者影印件。

第十九条 收单机构在与特约商户建立业务关系时,应当识别特约商户身份,了解特约商户的基本情况,登记特约商户身份基本信息,核实特约商户有效身份证件,并留存特约商户有效身份证件的复印件或者影印件。

第二十条 支付机构应按照客户特点和交易特征,综合考虑地域、业务、行业、客户是否为外国政要等因素,制定客户风险等级划分标准,评定客户风险等级。客户风险等级标准应报总部所在地中国人民银行分支机构备案。

首次客户风险等级评定应在与客户建立业务关系后60天内完成。支付机构应对客户持续关注,适时调整客户风险等级。

支付机构应当根据客户的风险等级,定期审核本机构保存的客户基本信息。对本机构风险等级最高的客户,支付机构应当至少每半年进行一次审核,了解其资金来源、资金用途和经营状况等信息,加强对其交易活动的监测分析。

第二十一条 在与客户的业务关系存续期间,支付机构应当采取持续的客户身份识别措施,关注客户及其日常经营活动、交易情况,并定期对特约商户进行回访或查访。

第二十二条 在与客户的业务关系存续期间,支付机构应当及时提示客户更新身份信息。

客户先前提交的有效身份证件将超过有效期的,支付机构应当在失效前60天通知客户及时更新。客户有效身份证件已过有效期的,支付机构在为客户办理首笔业务时,应当先要求客户更新有效身份证件。

第二十三条 在出现以下情况时,支付机构应当重新识别客户:

(一)客户要求变更姓名或者名称、有效身份证件种类、身份证件号码、注册资本、经营范围、法定代表人或者负责人等的;

(二)客户行为或者交易情况出现异常的;

(三)先前获得的客户身份资料存在疑点的;

(四)支付机构认为应重新识别客户身份的其他情形。

第二十四条 支付机构除核对有效身份证件外,可以采取以下的一种或者几种措施,识别或者重新识别客户身份:

(一)要求客户补充其他身份资料;

(二)回访客户;

(三)实地查访;

(四)向公安、工商行政管理等部门核实;

(五)其他可以依法采取的措施。

第二十五条 支付机构委托其他机构代为履行客户身份识别义务时,应通过书面协议明确双方在客户身份识别方面的责任,并符合以下要求:

(一)能够证明受托方按反洗钱法律、行政法规和本办法的要求,采取客户身份识别和身份资料保存的必要措施;

(二)受托方为本支付机构提供客户信息,不存在法律制度、技术等方面的障碍;

(三)本支付机构在办理业务时,能立即获得受托方提供的客户身份基本信息,还可在必要时从受托方获得客户的有效身份证件的复印件或者影印件。

受托方未采取符合本办法要求的客户身份识别措施的,由支付机构承担未履行客户身份识别义务的法律责任。

第三章 客户身份资料和交易记录保存

第二十六条 支付机构应当妥善保存客户身份资料和交易记录,保证能够完整准确重现每笔交易。

第二十七条 支付机构应当保存的客户身份资料包括各种记载客户身份信息的资料、辅助证明客户身份的资料和反映支付机构开展客户身份识别工作情况的资料。

第二十八条 支付机构保存的交易记录应当包括反映以下信息的数据、业务凭证、账簿和其他资料:

(一)交易双方名称;

(二)交易金额;

(三)交易时间;

(四)交易双方的开户银行或支付机构名称;

(五)交易双方的银行账户号码、支付账户号码、预付卡号码、特约商户编号或者其他记录资金来源和去向的号码。

本办法未要求开展客户身份识别的业务,支付机构应按照保证完整准确重现每笔交易的原则保存交易记录。

第二十九条 支付机构应当建立客户身份资料和交易记录保存系统,实时记载操作记录,防止客户身份信息和交易记录的泄露、损毁和缺失,保证客户信息和交易数据不被篡改,并及时发现并记录任何篡改或企图篡改的操作。

第三十条 支付机构应当完善客户身份资料和交易记录保存系统的查询和分析功能,便于反洗钱和反恐怖融资的调查和监督管理。

第三十一条 支付机构应当按照下列期限保存客户身份资料和交易记录:

(一)客户身份资料,自业务关系结束当年计起至少保存5年;

(二)交易记录,自交易记账当年计起至少保存5年。

如客户身份资料和交易记录涉及反洗钱和反恐怖融资调查,且反洗钱和反恐怖融资调查工作在前款规定的最低保存期届满时仍未结束的,支付机构应将其保存至反洗钱和反恐怖融资调查工作结束。

同一介质上存有不同保存期限客户身份资料或者交易记录的,应当按最长期限保存。同一客户身份资料或者交易记录采用不同介质保存的,至少应当按照上述期限要求保存一种介质的客户身份资料或者交易记录。

法律、行政法规和规章对客户身份资料和交易记录有更长保存期限要求的,遵守其规定。

第三十二条 支付机构终止支付业务时,应当按照中国人民银行有关规定处理客户身份资料和交易记录。

第四章 可疑交易报告

第三十三条 支付机构应按照勤勉尽责的原则,对全部交易开展监测和分析,报告可疑交易。

第三十四条 支付机构应根据本机构的客户特征和交易特点,制定和完善符合本机构业务特点的可疑交易标准,同时向中国人民银行、总部所在地的中国人民银行分支机构和中国反洗钱监测分析中心备案。

第三十五条 支付机构应建立完善有效的可疑交易监测分析体系,明确内部可疑交易处理程序和人员职责。

支付机构应指定专门人员,负责分析判断是否报告可疑交易。

第三十六条 支付机构应结合客户身份信息和交易背景,对客户行为或交易进行识别、分析,有合理理由判断与洗钱、恐怖融资或其他犯罪活动相关的,应在发现可疑交易之日起10个工作日内,由其总部以电子方式向中国反洗钱监测分析中心提交可疑交易报告。可疑交易报告的具体格式和报送方式由中国人民银行另行规定。

支付机构应将已上报可疑交易报告的客户列为高风险客户,持续开展交易监测,仍不能排除洗钱、恐怖融资或其他犯罪活动嫌疑的,应在10个工作日内向中国反洗钱监测分析中心提交可疑交易报告,同时以书面方式将有关情况报告总部所在地的中国人民银行分支机构。

支付机构应完整保存对客户行为或交易进行识别、分析和判断的工作记录及是否上报的理由和证据材料。

第三十七条 支付机构应当按照《支付机构可疑交易(行为)报告要素》(见附)要求,在可疑交易报告中提供真实、完整、准确的交易信息。中国反洗钱监测分析中心发现支付机构报送的可疑交易报告有要素不全或者存在错误的,可以向提交报告的支付机构发出补正通知,支付机构应在接到补正通知之日起 10 个工作日内补正。

第三十八条　支付机构在履行反洗钱义务过程中,发现涉嫌犯罪的,应立即报告当地公安机关和中国人民银行当地分支机构,并以电子方式报告中国反洗钱监测分析中心。

第三十九条　客户或交易涉及恐怖活动的,由中国人民银行另行规定。

第五章　反洗钱和反恐怖融资调查

第四十条　中国人民银行及其分支机构发现可疑交易活动需要调查核实的,可以向支付机构进行调查。中国人民银行及其分支机构向支付机构调查可疑交易活动,适用中国人民银行关于反洗钱调查的有关规定。

第四十一条　中国人民银行及其分支机构实施反洗钱和反恐怖融资调查时,支付机构应当积极配合,如实提供调查材料,不得拒绝或者阻碍。

第四十二条　中国人民银行及其分支机构调查可疑交易活动,可以采取下列措施:

(一)询问支付机构的工作人员,要求其说明情况。

(二)查阅、复制可疑交易活动涉及的客户身份资料、交易记录和其他有关资料。对可能被转移、隐藏、篡改或者毁损的文件、资料予以封存。

(三)中国人民银行规定的其他措施。

第六章　监　督　管　理

第四十三条　中国人民银行及其分支机构负责监督管理支付机构反洗钱和反恐怖融资工作。

第四十四条　支付机构应当按照中国人民银行规定提供有关文件和资料,不得拒绝、阻挠、逃避监督检查,不得谎报、隐匿、销毁相关证据材料。

支付机构应当对所提供的文件和资料的真实性、准确性、完整性负责。

第四十五条　支付机构应当按照中国人民银行的规定,向所在地中国人民银行分支机构报送反洗钱和反恐怖融资统计报表、信息资料、工作报告以及内部审计报告中与反洗钱和反恐怖融资工作有关的内容,如实反映反洗钱和反恐怖融资工作情况。

第四十六条 中国人民银行及其分支机构可以采取下列措施对支付机构进行反洗钱和反恐怖融资现场检查:

(一)进入支付机构检查;

(二)询问支付机构的工作人员,要求其对有关检查事项做出说明;

(三)查阅、复制支付机构与检查事项有关的文件、资料,并对可能被转移、销毁、隐匿或者篡改的文件资料予以封存;

(四)检查支付机构运用电子计算机管理业务数据的系统。

中国人民银行及其分支机构依法对支付机构进行反洗钱和反恐怖融资现场检查,适用《中国人民银行执法检查程序规定》(中国人民银行令〔2010〕第1号发布)。

第四十七条 中国人民银行及其分支机构根据履行反洗钱和反恐怖融资职责的需要,可以约见支付机构董事、高级管理人员谈话,要求其就下列重大事项做出说明:

(一)支付机构反洗钱和反恐怖融资专门机构或指定内设机构不能有效履行职责的;

(二)支付机构反洗钱和反恐怖融资工作人员不能有效履行职责的;

(三)支付机构可疑交易报告存在问题的;

(四)支付机构客户或交易多次被司法机关调查的;

(五)支付机构未按规定提交反洗钱和反恐怖融资工作的资料、报告和其他文件的;

(六)支付机构履行反洗钱和反恐怖融资义务的其他重大事项。

第七章 法 律 责 任

第四十八条 中国人民银行及其分支机构从事反洗钱工作人员有下列行为之一的,依法给予行政处分:

(一)违反规定进行检查或者调查的;

(二)泄露因反洗钱和反恐怖融资知悉的国家秘密、商业秘密或者个人隐私的;

（三）违反规定对有关机构和人员实施行政处罚的；

（四）其他不依法履行职责的行为。

第四十九条 支付机构违反本办法的，由中国人民银行或其分支机构按照《中华人民共和国反洗钱法》第三十一条、第三十二条的规定予以处罚；情节严重的，由中国人民银行注销其《支付业务许可证》。

第五十条 违反本办法规定，构成犯罪的，移送司法机关依法追究刑事责任。

第八章 附　　则

第五十一条 本办法相关用语含义如下：

中国人民银行分支机构，包括中国人民银行上海总部、分行、营业管理部、省会（首府）城市中心支行、副省级城市中心支行。

单位客户，包括法人、其他组织和个体工商户。

网络支付机构的特约商户，是指基于互联网信息系统直接向消费者销售商品或提供服务，并接受网络支付机构互联网支付服务完成资金结算的法人、个体工商户、其他组织或自然人。

预付卡机构的特约商户，是指与预付卡机构签约并同意使用预付卡进行资金结算的法人、个体工商户或其他组织。

收单机构的特约商户，是指与收单机构签约并同意使用银行卡进行资金结算的法人、个体工商户或其他组织。

个人客户的身份基本信息，包括：客户的姓名、国籍、性别、职业、住址、联系方式以及客户有效身份证件的种类、号码和有效期限。

单位客户的身份基本信息，包括：客户的名称、地址、经营范围、组织机构代码（仅限法人和其他组织）；可证明该客户依法设立或者可依法开展经营、社会活动的执照、证件或者文件的名称、号码和有效期限；法定代表人（负责人）或授权办理业务人员的姓名、有效身份证件的种类、号码和有效期限。

特约商户的身份基本信息，包括：特约商户的名称、地址、经营范围、组织机构代码；可证明该客户依法设立或者可依法开展经营、社会活动的执照、证件或者文件的名称、号码和有效期限；控股股东或实际控制人、法定代表人

(负责人)或授权办理业务人员的姓名、有效身份证件的种类、号码、有效期限。

个人客户的有效身份证件,包括:居住在境内的中国公民,为居民身份证或者临时居民身份证;居住在境内的16周岁以下的中国公民,为户口簿;中国人民解放军军人,为军人身份证件或居民身份证;中国人民武装警察,为武装警察身份证件或居民身份证;香港、澳门居民,为港澳居民往来内地通行证;台湾居民,为台湾居民来往大陆通行证或者其他有效旅行证件;外国公民,为护照;政府有权机关出具的能够证明其真实身份的证明文件。

法人和其他组织客户的有效身份证件,是指政府有权机关颁发的能够证明其合法真实身份的证件或文件,包括但不限于营业执照、事业单位法人证书、税务登记证、组织机构代码证。

个体工商户的有效身份证件,包括营业执照、经营者或授权经办人员的有效身份证件。

网络支付机构,是指从事《非金融机构支付服务管理办法》规定的网络支付业务的支付机构。

预付卡机构,是指从事《非金融机构支付服务管理办法》规定的预付卡发行与受理业务或预付卡受理业务的支付机构。

收单机构,是指从事《非金融机构支付服务管理办法》规定的银行卡收单业务的支付机构。

以上及内,包括本数。

第五十二条 本办法由中国人民银行负责解释。

第五十三条 本办法自2012年3月5日起施行。《中国人民银行关于印发〈支付清算组织反洗钱和反恐怖融资指引〉的通知》(银发〔2009〕298号)同时废止,银行卡组织和资金清算中心的反洗钱和反恐怖融资工作依照《中国人民银行关于印发〈银行卡组织和资金清算中心反洗钱和反恐怖融资指引〉的通知》(银发〔2009〕107号)规定执行。

附：

支付机构可疑交易(行为)报告要素

	要素名称
1	报告机构名称
2	报告机构所在地区编码
3	报告机构分支机构/网点代码
4	可疑交易(行为)处理情况
5	可疑交易(行为)特征描述
6	机构自定可疑交易标准编号
7	可疑主体名称/姓名
8	可疑主体身份证件/证明文件号码
9	可疑主体身份证件/证明文件类型
10	可疑主体住址及有效联系方式
11	可疑主体的职业/行业类别
12	可疑主体的法定代表人姓名(对公客户)
13	可疑主体的法定代表人身份证件号码(对公客户)
14	可疑主体的法定代表人身份证件类型(对公客户)
15	可疑主体的银行账号
16	可疑主体银行账号的开户银行名称
17	可疑主体的支付账户
18	可疑主体所在支付机构的名称
19	可疑主体所在支付机构的银行账号
20	可疑主体所在支付机构银行账号的开户银行名称
21	可疑主体的交易IP地址
22	交易时间(精确到"秒")

续表

	要素名称
23	货币资金转移方式
24	资金收付标志
25	资金用途
26	交易币种
27	交易金额
28	交易对手姓名/名称
29	交易对手身份证件/证明文件号码
30	交易对手身份证件/证明文件类型
31	交易对手的银行账号
32	交易对手银行账号的开户银行名称
33	交易对手的支付账户
34	交易对手所在支付机构的名称
35	交易对手所在支付机构的银行账号
36	交易对手所在支付机构银行账号的开户银行名称
37	交易对手的交易IP地址
38	交易商品名称
39	银行与支付机构之间的业务交易编码
40	支付机构与商户之间的业务交易编码
41	业务标示号
42	报送次数标志

涉及恐怖活动资产冻结管理办法

(2014年1月10日中国人民银行、公安部、
国家安全部令〔2014〕第1号发布施行)

第一条 为规范涉及恐怖活动资产冻结的程序和行为,维护国家安全和社会公共利益,根据《中华人民共和国反洗钱法》、《全国人大常委会关于加强反恐怖工作有关问题的决定》等法律,制定本办法。

第二条 本办法适用于在中华人民共和国境内依法设立的金融机构、特定非金融机构。

第三条 金融机构、特定非金融机构应当严格按照公安部发布的恐怖活动组织及恐怖活动人员名单、冻结资产的决定,依法对相关资产采取冻结措施。

第四条 金融机构、特定非金融机构应当制定冻结涉及恐怖活动资产的内部操作规程和控制措施,对分支机构和附属机构执行本办法的情况进行监督管理;指定专门机构或者人员关注并及时掌握恐怖活动组织及恐怖活动人员名单的变动情况;完善客户身份信息和交易信息管理,加强交易监测。

第五条 金融机构、特定非金融机构发现恐怖活动组织及恐怖活动人员拥有或者控制的资产,应当立即采取冻结措施。

对恐怖活动组织及恐怖活动人员与他人共同拥有或者控制的资产采取冻结措施,但该资产在采取冻结措施时无法分割或者确定份额的,金融机构、特定非金融机构应当一并采取冻结措施。

对按照本办法第十一条的规定收取的款项或者受让的资产,金融机构、特定非金融机构应当采取冻结措施。

第六条 金融机构、特定非金融机构采取冻结措施后,应当立即将资产数额、权属、位置、交易信息等情况以书面形式报告资产所在地县级公安机关

和市、县国家安全机关,同时抄报资产所在地中国人民银行分支机构。地方公安机关和地方国家安全机关应当分别按照程序层报公安部和国家安全部。

金融机构、特定非金融机构采取冻结措施后,除中国人民银行及其分支机构、公安机关、国家安全机关另有要求外,应当及时告知客户,并说明采取冻结措施的依据和理由。

第七条 金融机构、特定非金融机构及其工作人员应当依法协助、配合公安机关和国家安全机关的调查、侦查,提供与恐怖活动组织及恐怖活动人员有关的信息、数据以及相关资产情况。

金融机构及其工作人员应当依法协助、配合中国人民银行及其省会(首府)城市中心支行以上分支机构的反洗钱调查,提供涉及恐怖活动组织及恐怖活动人员资产的情况。

第八条 金融机构、特定非金融机构及其工作人员对与采取冻结措施有关的工作信息应当保密,不得违反规定向任何单位及个人提供和透露,不得在采取冻结措施前通知资产的所有人、控制人或者管理人。

第九条 金融机构、特定非金融机构有合理理由怀疑客户或者其交易对手、相关资产涉及恐怖活动组织及恐怖活动人员的,应当根据中国人民银行的规定报告可疑交易,并依法向公安机关、国家安全机关报告。

第十条 金融机构、特定非金融机构不得擅自解除冻结措施。

符合下列情形之一的,金融机构、特定非金融机构应当立即解除冻结措施,并按照本办法第六条的规定履行报告程序:

(一)公安部公布的恐怖活动组织及恐怖活动人员名单有调整,不再需要采取冻结措施的;

(二)公安部或者国家安全部发现金融机构、特定非金融机构采取冻结措施有错误并书面通知的;

(三)公安机关或者国家安全机关依法调查、侦查恐怖活动,对有关资产的处理另有要求并书面通知的;

(四)人民法院做出的生效裁决对有关资产的处理有明确要求的;

(五)法律、行政法规规定的其他情形。

第十一条 涉及恐怖活动的资产被采取冻结措施期间,符合以下情形之一的,有关账户可以进行款项收取或者资产受让:

（一）收取被采取冻结措施的资产产生的孳息以及其他收益；

（二）受偿债权；

（三）为不影响正常的证券、期货交易秩序，执行恐怖活动组织及恐怖活动人员名单公布前生效的交易指令。

第十二条　因基本生活支出以及其他特殊原因需要使用被采取冻结措施的资产的，资产所有人、控制人或者管理人可以向资产所在地县级公安机关提出申请。

受理申请的公安机关应当按照程序层报公安部审核。公安部在收到申请之日起30日内进行审查处理；审查核准的，应当要求相关金融机构、特定非金融机构按照指定用途、金额、方式等处理有关资产。

第十三条　金融机构、特定非金融机构对根据本办法被采取冻结措施的资产的管理及处置，应当按照中国人民银行、中国银行业监督管理委员会、中国证券监督管理委员会、中国保险监督管理委员会的相关规定执行；没有规定的，参照公安机关、国家安全机关、检察机关的相关规定执行。

第十四条　资产所有人、控制人或者管理人对金融机构、特定非金融机构采取的冻结措施有异议的，可以向资产所在地县级公安机关提出异议。

受理异议的公安机关应当按照程序层报公安部。公安部在收到异议申请之日起30日内作出审查决定，并书面通知异议人；确属错误冻结的，应当决定解除冻结措施。

第十五条　境外有关部门以涉及恐怖活动为由，要求境内金融机构、特定非金融机构冻结相关资产、提供客户身份信息及交易信息的，金融机构、特定非金融机构应当告知对方通过外交途径或者司法协助途径提出请求；不得擅自采取冻结措施，不得擅自提供客户身份信息及交易信息。

第十六条　金融机构、特定非金融机构的境外分支机构和附属机构按照驻在国家（地区）法律规定和监管要求，对涉及恐怖活动的资产采取冻结措施的，应当将相关情况及时报告金融机构、特定非金融机构总部。

金融机构、特定非金融机构总部收到报告后，应当及时将相关情况报告总部所在地公安机关和国家安全机关，同时抄报总部所在地中国人民银行分支机构。地方公安机关和地方国家安全机关应当分别按照程序层报公安部和国家安全部。

第十七条　中国人民银行及其分支机构对金融机构执行本办法的情况

进行监督、检查。

对特定非金融机构执行本办法的情况进行监督、检查的具体办法,由中国人民银行会同国务院有关部门另行制定。

第十八条 中国人民银行及其分支机构、公安机关、国家安全机关工作人员违反规定,泄露工作秘密导致有关资产被非法转移、隐匿,冻结措施错误造成其他财产损失的,依照有关规定给予处分;涉嫌构成犯罪的,移送司法机关依法追究刑事责任。

第十九条 金融机构及其工作人员违反本办法的,由中国人民银行及其地市中心支行以上分支机构按照《中华人民共和国反洗钱法》第三十一条、第三十二条以及中国人民银行有关规定处罚;涉嫌构成犯罪的,移送司法机关依法追究刑事责任。

第二十条 本办法所称金融机构、特定非金融机构,是指依据《中华人民共和国反洗钱法》等法律法规规定,应当履行反洗钱义务的机构。依据《非金融机构支付服务管理办法》(中国人民银行令〔2010〕第2号发布)取得《支付业务许可证》的支付机构适用本办法关于金融机构的规定。

本办法所称冻结措施,是指金融机构、特定非金融机构为防止其持有、管理或者控制的有关资产被转移、转换、处置而采取必要措施,包括但不限于:终止金融交易;拒绝资产的提取、转移、转换;停止金融账户的开立、变更、撤销和使用。

本办法所称资产包括但不限于:银行存款、汇款、旅行支票、银行支票、邮政汇票、保单、提单、仓单、股票、债券、汇票和信用证,房屋、车辆、船舶、货物,其他以电子或者数字形式证明资产所有权、其他权益的法律文件、证书等。

第二十一条 本办法由中国人民银行会同公安部、国家安全部解释。

第二十二条 本办法自发布之日起施行。

中国银保监会办公厅关于进一步做好银行业保险业反洗钱和反恐怖融资工作的通知

(2019年12月30日发布 银保监办发〔2019〕238号)

各银保监局,各政策性银行、大型银行、股份制银行,邮储银行,外资银行,金融资产管理公司,保险公司,保险资产管理公司:

为加强银行业保险业反洗钱和反恐怖融资工作,提升银行保险机构反洗钱和反恐怖融资工作水平,现将有关事项通知如下:

一、银保监会及其派出机构应当按照相关法律、行政法规及规章的规定,做好银行保险机构市场准入环节的反洗钱和反恐怖融资审查工作,对于不符合条件的,不予批准。

二、银保监会及其派出机构应当将反洗钱和反恐怖融资工作情况纳入机构日常监管工作范围,督促银行保险机构建立健全反洗钱和反恐怖融资内部控制机制。

三、银保监会及其派出机构应当在现场检查工作中贯彻反洗钱和反恐怖融资监管要求,现场检查工作要重点对机构反洗钱和反恐怖融资内控制度建立和执行情况进行检查。

四、银保监会及其派出机构应当加强与人民银行及其分支机构的沟通协作,在规则制定、现场检查、非现场监管及行政处罚工作中加强沟通协调,推动形成监管合力。

五、银行保险机构应当强化组织保障,加大反洗钱和反恐怖融资资源投入,加强对从业人员的反洗钱和反恐怖融资培训,提高反洗钱和反恐怖融资工作能力。

六、各银行保险机构应当于每年度结束后20个工作日内,按照附件1规定的模板向银保监会或属地银保监局报送上年度反洗钱和反恐怖融资年度报告并填报相关附表。

法人机构的反洗钱和反恐怖融资年度报告内容应当覆盖本机构总部和全部分支机构;非法人机构的反洗钱和反恐怖融资年度报告内容应当覆盖本级机构及其所辖分支机构。

七、银行保险机构发生下列情况的,应当及时向银保监会或属地银保监局提交临时报告:

(一)主要反洗钱和反恐怖融资内部控制制度修订;

(二)反洗钱和反恐怖融资工作机构和岗位人员调整、联系方式变更;

(三)涉及本机构反洗钱和反恐怖融资工作的重大风险事项;

(四)洗钱风险自评估报告或其他相关风险分析材料;

(五)境外分支机构和附属机构受到当地监管部门或者司法部门与反洗钱和反恐怖融资相关的现场检查、行政处罚、刑事调查或者发生其他重大风险事项;

(六)其他需要报告的反洗钱和反恐怖融资工作情况。

其中,第五项境外机构工作情况由法人机构报送。

八、银行保险机构反洗钱和反恐怖融资年度报告和临时报告按照以下路径报送:

(一)各会管银行业金融机构向银保监会报送反洗钱和反恐怖融资工作材料,各地方法人银行业金融机构和会管银行业金融机构的分支机构向属地银保监局报送反洗钱和反恐怖融资工作材料。

(二)各保险公司、保险资产管理公司向银保监会报送反洗钱和反恐怖融资工作材料,各保险公司省级分支机构汇总本级及以下分支机构的反洗钱和反恐怖融资工作材料向属地银保监局报送。

九、各保险公司、保险资产管理公司法人机构应当于每季度结束后10个工作日内,按照附件2规定的模板通过互联网"保险监管专项数据采集平台"向银保监会报送协助查证洗钱案件信息。

十、各银保监局应当于每年3月31日前,按照附件3规定的模板向银保监会报送上年度反洗钱和反恐怖融资工作报告,并填报相关附表。

各银行保险机构2019年反洗钱和反恐怖融资年度报告请于2020年2

月15日前报送。《关于加强保险业反洗钱工作信息报送的通知》(保监稽查〔2016〕273号)自本通知印发之日起废止。

附件:(略)